Logre ser exitoso en las áreas
más importantes de su vida

Éxito

INTEGRAL

Diez Leyes Escondidas

Dío Astacio

Éxito Integral - Diez Leyes Escondidas

por Dío Astacio

Textos bíblicos usados son de las siguientes versiones de la Biblia:

NVI - Nueva Versión Internacional
RVR60 - Reina Valera Revisada, 1960
DHH - Dios Habla Hoy
LBLA - La Biblia de las Américas

Edición revisada - noviembre, 2012

Editorial RENUEVO

ISBN: 978-1-937094-24-9

Publicado por:

Editorial RENUEVO
www.EditorialRenuevo.com
info@EditorialRenuevo.com

A mi Señor Jesucristo, mi eterna fuente de sabiduría.

A mis padres Darío Astacio y Concepción Pacheco por infundirme valores eternos. Nada ha sido tan valioso en mi transitar como lo que he recibido de ustedes.

A mi hermano Edward Astacio por el valor que reflejaba en cada uno de sus actos.

A mi esposa Evelyn García y mis hijas Melody, Daniela y Camila. Ustedes me inspiran en todo lo que hago.

A todos mis hermanos y mis sobrinos.

Contenido

Agradecimientos

Muchas personas han hecho posible esta obra. A todos ellos mi más profundo agradecimiento:

Mis hermanos, parte vital en mi formación: Franklin, Dilcia, Diomaris, Haydée y Edward.

Mis tíos y primos por ser fuente de ánimo y apoyo.

Bismar Galán, por su entrega en la edición de tan difícil material.

Julio Díaz y Rubén Rodríguez, por sus horas de esfuerzo en la diagramación de este libro.

Aquiles Julián y Ubiera por su dedicación a este proyecto.

Edgar Winter, por asumir el reto de la parte gráfica.

Theo Galán y Ludy González, por su estímulo.

José Zapata, Ramón Grullón, Manuel Jiménez, Freddy Vélez y Daniel Villa: mis mentores.

Mis profesores Bélgica, Gladys, Manolo y Pérez.

Mario Javier, Familia Velez, Ulises Tiburcio, Omar Salas.

Eduardo Cruz, Sandra Jacobo, Rafael Pardilla, Anthony Bernal, Mayra Ortiz, Enmanuel Belliard, Alejandro Asmar, Ryan Larraury, Fior Corona, Mary Pily, Víctor Rojas, Daniel Javier, Carlos Ramón Romero, actores del financiamiento de este proyecto.

A mis suegros María y José García.

Jochy Santos, por prestar oído a esta idea.

Señor Luís Núñez, por abrirme un espacio a su lado.

Fabio de León, Luis Manuel Matos y Carlos Dayeh, por sus aportes al contenido de este libro.

Laura Herasme Alfonso, quien aceptó el reto.

Los hermanos de la iglesia de Células del Encuentro y la Alianza Cristiana y Misionera, que me dan acceso a estos conceptos.

A mis amigos Misioneros de la ACYM.

A todos mis amigos.

A MODO DE INTRODUCCIÓN

¿Por qué «ÉXITO INTEGRAL»?

Para muchas personas ser exitoso tiene diferentes significados. Aquel que aspira a salvar vidas, ve su éxito en las vidas que salva; quien escribe canciones mide por la cantidad que artistas famosos le hayan grabado; para el que tiene un banco, el éxito significará cuánto dinero tiene en su caja fuerte. La pregunta que debemos hacernos es si realmente eso se puede llamar éxito.

Muchos libros nos muestran ejemplos de hombres que han sido exitosos. Sin embargo, cuando hurgamos en la vida de esas personas, nos damos cuenta que su éxito ha sido muy cuestionable. Por ejemplo, Elvis Presley fue un hombre exitoso; la pregunta es si a usted le gustaría terminar su vida como él la terminó. Esto nos lleva a plantear el éxito desde otra perspectiva: la perspectiva de lo integral.

Éxito integral significa alcanzar el éxito en las áreas más importantes de la vida. No es posible que seas un hombre de éxito sólo por el hecho de tener dinero. De hecho, muchas personas adquieren dinero y nunca han ido a la escuela, pero también hay quienes han ido a la escuela y se han graduado con los mejores honores, y mueren en la peor pobreza.

El secreto de la vida consiste en poder tener un equilibrio que nos permita ser personas congruentes, realizadas y auténticas. Este equilibrio entre lo tangible y lo intangible es lo que finalmente conlleva a convertirnos en lo que podríamos llamar «un ser humano de éxito integral».

Para ilustrar mejor nuestro concepto quiero que veamos el éxito como subir a una alta montaña. El reto no es sólo llegar a la cima, es llegar acompañado de la mayor cantidad de personas posibles, sobre todo de la familia. Otra regla es disfrutar el viaje. No es posible que cuando estés en la cima no recuerdes nada de lo que viste y a tu paso hayas acabado con la fauna y la flora que encontraste. La última regla consiste en que llegues sano y con capacidad de disfrute. ¿De qué nos sirve estar en la cima sin las condiciones para gozar de toda la belleza y frescura que significa estar en la cima?

¿Por qué «DIEZ LEYES ESCONDIDAS»?

Hablamos de leyes escondidas porque son conceptos con los que usted no se encontrará en los libros de éxito convencionales. Son leyes que rompen con lo que hasta hoy hemos oído. Yo no puedo decir que estas leyes las he aprendido, o las he visto. No salen de mi propia inteligencia, no creo que sea capaz de concebir por mí mismo conceptos tan elevados como los que vamos a ver a continuación. Debo confesar que estos conceptos los he recibido de lo alto. *Toda buena dádiva y todo don perfecto descienden de lo alto, donde está el Padre que creó las lumbreras celestes, y que no cambia como los astros ni se mueve como las sombras.* (Santiago 1:17 NVI)

Al ver las leyes te darás cuenta de que en realidad las mismas han estado escondidas, pero no lejos. Cuando las cosas están escondidas no necesariamente están lejos, pueden estar a un metro de distancia y tú no puedes verlas porque están escondidas.

Las leyes serán divididas en dos grupos, cinco leyes que tienen que ver con el éxito en lo tangible y cinco leyes del éxito en lo intangible.

Las cinco leyes de LO TANGIBLE

1.- La ley de la Profundidad. En el mundo de hoy las personas están muy inclinadas a lo más fácil, lo más cómodo y lo que implique el menor esfuerzo. Sin embargo, Dios le ha concedido al hombre la autoridad para dominar todo lo creado. Es un deber de todo ser humano tener dominio sobre aquellas cosas que le son confiadas. La profundidad está llena de cosas interesantes que no la descubren aquellos a quienes les cuesta esforzarse por descender.

Personalmente describo al genio como la combinación de la inspiración divina y la profundidad. Podrás decir que Edison era un genio, pero no es exactamente cierto; si lo hubiera sido, no habría hecho miles de intentos fallidos tratando de crear la bombilla incandescente. El mismo Edison decía que: «El genio es un 1% inspiración y un 99% transpiración».

Nos van a decir que no está, pero es falso, sigamos insistiendo y lo encontraremos. Podrán decirnos que no aparece, pero es incierto, si insistimos aparecerá. Nos dirán que volvamos luego, negativo; insistamos y lo conseguiremos en el momento.

2.- La ley del Enfoque. Dios ha creado a los seres humanos con cualidades específicas y talentos especiales. Tú has sido diseñado para cosas especiales. Es por eso que necesariamente tienes cualidades que otras personas no tienen. No importa qué tan completo seas, siempre habrá un área en la cual tendrás menos habilidades que otras personas, y de igual forma tendrás muchas cualidades que otros no tienen. Si no tienes muchas habilidades, te felicito, pues en la medida en que más habilidades se poseen, más difícil es enfocarse. Y de hecho, la Biblia dice que «*al que mucho se le da, mucho se le exige*». (Lucas 12:48)

3.- La ley de la Valoración. La mayoría de las personas viven quejándose de todo a su alrededor. Se quejan de sus vidas, de sus trabajos, del bajo sueldo, del poco apoyo que reciben... Pero, a través de esta ley quiero invitarte a pensar por un momento en la siguiente pregunta: ¿Cuánto valor he agregado a aquello que han puesto en mis manos? Las cosas que tengo ahora, ¿valen más en este momento, que al momento de adquirirlas? ¿Las personas que me rodean son mejores seres humanos después de conocerme, o las he convertido en seres amargados que se aterran ante mi presencia?

La ley de la Valoración va en contraposición a la autocompasión. En lugar de auto compadecerte o de criticar tu entorno, haz uso de los recursos que tienes y transfórmalos en algo de más valor.

4.- La ley del Ahorro. El carácter de un hombre puede revelarse en la manera en que usa el dinero. Si tú no puedes tener control de tu dinero, no podrás tener control de tu vida, pues el dinero pone de manifiesto nuestro sentido de vanidad, de gula, de ambición. Todo lo malo que puede tener un ser humano se pone de manifiesto cuando tiene dinero para complacer sus deseos personales.

Si tú conoces a un hombre capaz de ahorrar, entonces conoces a una persona de carácter, que puede dominar sus propios impulsos y sobreponerse a esos impulsos y a las querencias con la finalidad de no tocar sus ahorros.

5.- La ley de los Hechos. «*Vayan y cuéntenle a Juan lo que están viendo y oyendo: Los ciegos ven, los cojos andan, los que tienen lepra son sanados, los sordos oyen, los muertos resucitan y a los pobres se les anuncian las buenas nuevas.*» (Mateo 11:4–5 NVI)

Existe la tentación de justificarnos cuando las personas nos preguntan por los resultados. También solemos defendernos atacando a otros. Sin embargo, todos los argumentos se hacen más o menos evidentes en contraste con los hechos.

El trabajo trae como resultado hechos, los cuales se convierten en la evidencia de lo que tú eres capaz de hacer. No necesitas que las personas se conviertan en tus defensores, no es necesario que haya muchas cartas de recomendación; los hechos son como un martillo demoledor de argumentos.

Las cinco leyes de LO INTANGIBLE

1.- La ley de la Honra. Es la capacidad de respetar profundamente a los superiores, y de honrarlos con actos, palabras y pensamientos. Honrar a los superiores es desear lo mejor para ellos, es hacer que ellos queden bien a toda costa, es no desear su puesto ni esperar que cometan un error para reemplazarlos.

Un jefe puede olvidar y obviar que un empleado no tiene el desempeño requerido, puede tolerar una tardanza, puede tolerar un reporte mal hecho y muchas cosas más; lo que es muy difícil que perdone es el irrespeto de manera directa.

2.- La ley del Amor. El texto de las Sagradas Escrituras que enfocamos, nos dice que: *«No importa todo lo que hagamos o tengamos, a la larga todo inicia y termina en el amor».* (Palabras del autor en resumen de 1 Corintios 13)

Cuando tú naces, alguien se alegra; todos se reúnen en un lugar a celebrar tu nacimiento; igual, cuando una persona muere, lo normal es que todos se reúnan a llorar su muerte. Las dos acciones implican un sentimiento de amor. El amor marca el inicio y el fin de la vida.

3.- La ley de la Perspectiva. ¿Cómo es posible que uno de los reyes más grandes de la antigüedad, de un momento a otro, se haya creído ser un buey y esté tirado en el suelo amarrado por el cuello y comiendo hierbas? La razón por la que le ocurrió esto a Nabucodonosor II fue por no tener presente La Ley de la Perspectiva.

Cuando las personas pierden la perspectiva, se hacen más arrogantes con el humilde, y más vanidosas con el pudiente. Son capaces de gastar cientos de miles de pesos en regalos para complacer a otros; pero se vuelven mezquinos para compadecerse de los más necesitados.

4.- La ley de la Identidad. Esta ley busca revelarnos respuesta a las siguientes interrogantes: ¿Quién soy? ¿Hacia dónde me dirijo? ¿Para qué he sido creado? ¿Cuál es mi misión en la vida?

Es lamentable que nuestro medio familiar pueda desvalorizarnos de manera constante y, en lugar de estimularnos a descubrir nuestra real identidad, nos infunda miedos y barreras que encierran cada día más nuestra verdadera identidad. Gran parte de la humanidad está sufriendo el doloroso cuadro de haber pertenecido a familias en donde le hicieron sentir que ellos no eran nada, que no servían para nada. Por eso, las personas llegan a una edad madura con un muy disminuido sentimiento sobre lo que realmente son.

5.- La ley del Honor. La Biblia dice: *La memoria de los justos es una bendición, pero la fama de los malvados será pasto de los gusanos.* (Proverbios 10:7 NVI)

Como siempre, no se equivoca: tener un buen nombre es algo que supera a la posesión de dinero. El dinero perece con nuestra muerte, pero el nombre permanece y hace que nuestros hijos, nietos y demás descendientes se sientan orgullosos de nosotros. La Biblia dice: *Vale más la buena fama que las muchas riquezas, y más que oro y plata, la buena reputación.* (Proverbios 22:1 NVI)

El honor es más que el dinero. Honor es el hecho de que tus hijos puedan decir con orgullo que tú eres su progenitor, que tu nombre no sea una vergüenza para ellos. Tus hijos podrán amarte siempre a pesar de lo que tú seas; en cambio, no siempre se sentirán orgullosos de lo que tú eres o lo que tú haces.

Gracias por la decisión de leer estas páginas. Deseo de todo corazón que cada palabra se convierta en una fuente de sabiduría y aportes positivos para su vida.

Dios le bendiga.

LA LEY DE LA PROFUNDIDAD

A menos que hagas algo más allá de lo que
dominas completamente, nunca crecerás.

Ronald E. Osborne
(Maxwell, 2003)

Con su palabra Dios creó la luz y todo ser viviente. Luego, Dios creó al hombre y, cuando hubo terminado con el hombre, le dio el siguiente mandato:

> *«Sean fructíferos y multiplíquense;*
> *Llenen la tierra y sométanla;*
> *Dominen a los peces del mar y a las aves del cielo,*
> *y a todos los reptiles que se arrastran por el suelo.»*
> (Génesis 1:28 NVI)

También le dijo:

> *«Yo les doy de la tierra todas las plantas*
> *que producen semilla*
> *y todos los árboles que dan fruto con semilla;*
> *todo esto les servirá de alimento.»*
> (Génesis 1:29 NVI)

Hay tres verbos que se destacan en estas oraciones; el primero es *someter,* el segundo es *dominar* y el tercero, *dar.* El creador nos dio todas las cosas para que nosotros las sometamos y las dominemos. Dios ha creado al hombre con la finalidad de que éste ejerza dominio sobre toda cosa creada. Por eso, Dios se goza en ver a los científicos que quieren dominar el perfecto conocimiento de la naturaleza, a fin de poder entender cada situación de la vida. Se goza porque fue la orden que les dio a los hombres, a quienes les dijo: «Dominen la tierra», y al decir esto, también les decía: «Dominen los temas».

Él no se siente mal con los científicos que investigan, con los arqueólogos que cavan, no hay nada que esconder. Él ha dado autoridad al hombre para que descubra las cosas, para que encuentre cada secreto porque, a la larga, mientras más el hombre descubre de la vida, más necesidad tiene de encontrar el objetivo para el cual ha sido creado.

Dios nos ha conferido el poder para sojuzgar

La palabra *sojuzgar* viene del hebreo *kabash*, que quiere decir 'traer a esclavitud'. Significa hacer que algo o alguien te sirva a la fuerza, y es ahí donde hacemos la conexión de esta ilustración con nuestro tema: La ley de la Profundidad.

He querido hacer una comparación de la profundidad con el dominio de todo lo que cae en nuestras manos; de modo que, ya sea un tema, un negocio, un grupo, nuestro deber es llegar a la profundidad absoluta. Dominio es análogo a la palabra hebrea *rada*, que significa gobernar sobre todo. (El dominio masculino, 2006)

Sin embargo, el hombre ha optado por una posición contraria: lo fácil, la posición de dejar que las cosas ocurran solas, la de ser indiferente y sólo hacer un esfuerzo por lo básico. El ser humano se ha convertido en una figura pasiva, indolente y con poco interés por escudriñar aquello que se le confía.

Esto se convierte en una ley porque gran parte del fracaso de una persona empieza por el desconocimiento. La era actual es considerada la era del conocimiento, donde la abundancia de la ciencia es una realidad; paradójicamente, la profundidad en las personas escasea. Por un lado tenemos una fuente inagotable de conocimientos y, por el otro, una cantidad impresionante de personas negadas a profundizar, amantes de la ley del menor esfuerzo, y marcadamente inclinadas a un mundo superficial.

No importa el área en la cual te desenvuelvas. En cualquiera que sea, encontrarás personas que, teniendo todo el conocimiento en sus manos, carecen de la menor profundidad en el manejo de los temas. Esta es una plaga que afecta a la humanidad en todos los campos. Miles de personas mueren por médicos que, al no profundizar, ignoran la solución correcta a los problemas de sus pacientes; abogados que pierden casos de capital importancia por no conocer la ley; ingenieros que cometen errores catastróficos, como vicios de construcción, por no profundizar en el estudio de su carrera; técnicos que ocasionan pérdidas cuantiosas a las empresas y a los clientes por hacer las cosas de modo incorrecto y sin ningún tipo de profundidad.

Las empresas están llenas de empleados que hacen sus tareas para «salir del paso»; personas que no escuchan a sus clientes ni investigan el porqué de los problemas. Los procedimientos de las empresas se llenan de atajos, hechos por aquellos que siempre buscan una opción fácil a la solución de los problemas administrativos.

Es enorme la cantidad de errores que son atribuidos a la casualidad; sin embargo, detrás de cada error, por lo regular, impera la falta de profundidad de alguna persona.

¿Qué es la Profundidad?

El diccionario Océano define de este modo el término *profundizar*: *Discurrir con la mayor atención y examinar o penetrar una cosa para llegar a su perfecto conocimiento.* (Editorial Océano, S.L., 1995)

La Ley de la Profundidad significa alejarse lo más posible de la superficie. Para ello se necesita esfuerzo, dedicación, riesgos y tiempo. Esto sugiere alejarnos del *status quo*, que representa lo simple, lo natural, lo que no nos ha provocado ningún esfuerzo.

Cuando las cosas lleguen a tus manos, tómalas con un sentido de responsabilidad, con la conciencia clara de que debes llegar hasta el fondo y tomar el dominio de ellas.

Profundizar sugiere no detenerse ante lo que no se sabe, no se entiende, no se puede o no se ve. Esta es la ley que da origen a los grandes logros de la humanidad; cuando profundizamos estamos haciendo uso de la autoridad que Dios nos ha conferido para entender y dominar.

¿Por qué se incumple la Ley de la Profundidad?

Primera razón: El sentido de inercia

Nací en un pueblo llamado Sabana de la Mar y pasé mi infancia en el municipio de El Valle, un precioso poblado rodeado de montañas. En sus calles viví los más hermosos momentos de mi niñez. Para llegar a El Valle desde la provincia de Hato Mayor, en la República Dominicana, necesitarías una hora; sin embargo, la distancia es sólo de 32 kilómetros, que a una velocidad de 90 km/h debería tomar 21 minutos. ¿Por qué debemos tardar una hora en llegar a El Valle? La razón es que la carretera que hay entre ambos poblados tiene 32 curvas, y la misma fue construida alrededor de las montañas. Nunca se derribó una loma, no se hizo un túnel, no hay puentes importantes; en fin, quienes la construyeron no hicieron el menor esfuerzo para modificar los suelos del terreno existente.

Hace unos días hice una pequeña investigación sobre esta carretera para saber por qué se hizo de esa forma. En mi búsqueda alguien me contestó: «Esto no es una carretera; en principio era un camino hecho por los presidiarios en los años 40». Es decir que la famosa «carretera» nunca tuvo un real diseño, no tuvo un verdadero presupuesto, ni grandes esfuerzos de realización: fue un simple camino hecho por presos malhumorados y con poca dirección. Sin embargo, durante los últimos 70 años este camino ha sido la única vía de comunicación terrestre existente entre estos pueblos.

Esto demuestra la tendencia natural del ser humano a no cambiar el estatus y a adaptarse a lo que hay, a lo que existe, aunque esa actitud lo haga vivir en medio de la mediocridad y la insatisfacción; es decir, una tendencia a adaptarse a todo lo que no le cuesta esfuerzo. El *status quo* es dominante por naturaleza. Para la mayoría de las personas es mejor dejar las cosas como están, y no preocuparse por hacer nada nuevo.

Segunda razón: Miedo a lo desconocido

Por mucho tiempo hasta la iglesia se ha manifestado temerosa en aceptar el avance de la ciencia, como si Dios necesitara que los hombres lo ayudaran a ocultar algún tipo de error. Hace unos años la Iglesia Católica pedía una excusa pública al mundo por haber considerado una herejía el concepto esférico del planeta, planteado por Copérnico y Galileo.

El miedo a lo desconocido o el miedo a la investigación, hace que las personas acepten que las cosas no merecen tener explicaciones diferentes, que no vale la pena profundizar.

Tercera razón: La pereza

Si fuéramos a determinar cuáles son los pecados más grandes de la humanidad en la actualidad, muchas personas dirían: la pornografía, el adulterio, el asesinato, la avaricia y muchas más.

Sin embargo, desde mi óptica, el pecado que más ha atacado a la humanidad en los últimos años es la pereza.

Así como los siglos pasados se caracterizaron por estar llenos de pensamientos preclaros, y hombres con una amplia visión de futuro, la actualidad se percibe como una época en la cual la mayoría de las personas vive bajo la ley del menor esfuerzo. Esta es la época de lo desechable, de lo reemplazable, de la comida y de la vida rápida. El escritor español Enrique Rojas, describe esta época, como la vida del Hombre Light. (Rojas, 1992)

Para las personas modernas todo debe ser sencillo, poco profundo, con bajas calorías en todo sentido. El ser humano de hoy no puede oír un discurso muy largo, no importa quien sea el expositor; no le gustan las películas de mucho contenido. La vida del ser humano actual se puede describir como una anorexia intelectual. El parámetro de hoy para valorar si algo es bueno o es malo está definido por la simplicidad.

Cuarta razón: Falta de compromiso

En 1952 un señor llamado Jonás Salk y su equipo inventaron la vacuna contra la poliomielitis. Ellos no contaban con todos los recursos que tenemos hoy día, pero sí entendieron cabalmente que había una razón imperante por la cual debían profundizar hasta encontrar el resultado esperado: Miles de personas estaban muriendo en todo el mundo producto de la terrible enfermedad. Por eso, ellos no se detuvieron ante el primer resultado negativo, ellos no fueron pasivos, e insistieron hasta que sojuzgaron; es decir, sometieron el virus de la «polio» al imperio de la profundidad, inventando la maravillosa vacuna.

Como resultado de esa vacuna las muertes por poliomielitis se redujeron de 28.985 en el 1956 a 5.894 en 1957. Gracias al esfuerzo de este hombre y su equipo, y quienes le siguieron, hoy son pocos los enfermos de polio en todo el mundo. El doctor Salk dedicó ocho años de su vida a sojuzgar el virus de la polio y lo hizo; él ejerció dominio sobre este mal, aplicando la Ley de la Profundidad. (Academy of Achievement, 2005)

Quinta razón: El hábito de posponer

Siempre fui muy bueno para las matemáticas, pero cuando estaba cursando el cuarto año del bachillerato, tuve un profesor de cálculo que nos puso 80 ejercicios el primer día de clases. Como en ese momento mi mente no estaba muy enfocada en el esfuerzo, y justificado por el hecho de que no iba a estudiar ingeniería ni nada relacionado, tomé una decisión: cambiarme de cuarto de Matemáticas a cuarto de Ciencias Naturales, para dejar atrás aquel incómodo profesor que iba a «acabar con mi vida».

Terminé mi bachillerato, ingresé a la universidad y me gradué de Licenciado en Leyes. Un tiempo después, me propuse hacer una maestría en mercadeo. Cuando llegué a la universidad me dijeron que para hacer la maestría necesitaba hacer un curso especial de matemáticas, a lo que dije: «No hay problemas, siempre he sido bueno en matemáticas».

Cuando entré al curso, ¿sabes quién era mi profesor de matemáticas? Se trataba del mismo profesor del bachillerato, siete años atrás, con los mismos 80 ejercicios de entonces. Confirmé con creces que algún día enfrentaremos lo que desdeñamos antes. Hagámoslo, para que no nos pase como Aníbal, que cuando pudo conquistar Roma no quiso y cuando quiso, no pudo.

En la escuela de Derecho tuve un profesor que siempre decía: «No hay problema, yo los paso y la vida los quema». Esta es una afirmación muy cierta, en vista de que mucha gente va a las clases con el único objetivo de pasar el grado. Sin embargo, cuando llegan a enfrentarse con las tareas que les asigna la vida, reprueban, por la sencilla razón de no haber aprendido a profundizar en el ejercicio.

Beneficios de la Profundidad

Nº 1 - La Profundidad nos convierte en expertos

Earl Nightingale cree: *«Si una persona dedica una hora diaria al mismo tema, al cabo de cinco años será un experto en esa materia».*

Hacernos licenciados nos cuesta cuatro años, luego hacemos una maestría donde empleamos dos años más, y si quisiéramos convertirnos en doctores nos costaría cuatro años adicionales. Esto en total es el equivalente a diez años de duro trabajo al final de los cuales seríamos reconocidos como doctor en la materia.

Si duramos diez años haciendo una misma cosa, y aplicamos la Ley de la Profundidad, debemos alcanzar el conocimiento de un doctor en el área en que nos manejamos.

¿Por qué hay personas que pasan toda la vida trabajando en lo mismo, y tienen tal superficialidad que si prescindieran del trabajo, alguien con tres días de entrenamiento haría su labor con la misma eficiencia?

La Ley de la Profundidad nos invita a convertirnos en expertos de lo que hacemos, a no desperdiciar el tiempo. Es importante que cuando nos pregunten sobre lo que hacemos, podamos dar descripciones profundas.

Nº 2 - La Profundidad nos convierte en genios

Sydney Harris insistía en que: *«Un ganador sabe cuánto más tiene que aprender, aún si es considerado un experto por los demás; el perdedor quiere ser considerado experto por otros, antes de aprender lo necesario para saber cuán poco sabe».* (Harris, 1976)

Personalmente describo al genio como la combinación de la inspiración divina y la profundidad. Podrás decir que Edison era un genio, pero no lo era: si lo hubiera sido, no habría hecho miles de intentos fallidos tratando de crear la bombilla incandescente. El mismo Edison decía que: «El genio es un 1% inspiración y un 99% transpiración».

Dios pone habilidades específicas para cada persona, mucho más de un 1%; sólo Él sabe las medidas. A algunas les da la facultad de ser buenos deportistas; a otras, inteligencia intelectual, habilidades para las artes, para la comunicación, para los negocios, y así sucesivamente. Sin embargo, estas cualidades que Dios nos ha dado deben ser ejercitadas, de lo contrario las atrofiaremos con el tiempo.

El rey David era un excelente arpista, tanto que fueron a buscarlo a una montaña y de ella lo llevaron al palacio para que le tocara el arpa al rey Saúl. Esto nos da dos enseñanzas muy importantes sobre la profundidad. Lo primero es que no importa el área en la que te desenvuelvas, por más pírrica que sea, esmérate en hacer tu trabajo bien y procura conocerlo al máximo, conviértete en un experto aunque nadie te observe.

La segunda enseñanza está contenida en el libro de los Proverbios y dice: *¿Has visto un hombre diligente en su trabajo? Se codeará con reyes, y nunca será un Don Nadie.* (Proverbios 22:29 NVI)

David había sido destinado para rey mucho tiempo antes, pero la llave que Dios usó para introducirlo en el palacio fue su abundante conocimiento sobre la música. Esto nos enseña que, aunque Dios puede tener grandes cosas para nosotros, la llave que usará para llevarnos a los niveles superiores es la llave de la profundidad en lo que hacemos.

Nº 3 - La Profundidad hace que nuestro trabajo trascienda

¿Has disfrutado algún día la Novena Sinfonía de Beethoven, o apreciado la Mona Lisa de Da Vinci? ¿Has leído a Don Quijote? ¿Has podido valorar la obra Otelo de Shakespeare?

Cuando leemos o vemos cosas como éstas, nos preguntamos: ¿Cómo lo hicieron? ¿Cómo lograron construir piezas maestras sin las herramientas que tenemos en nuestros días? ¿Cómo escribieron miles de páginas sin máquinas, sin computadoras, sin la red de Internet?

En contraposición a esto, planteemos las siguientes interrogantes: ¿Cómo es posible que una persona pase tres años en su puesto de trabajo y no deje en el departamento algo que sea digno de conservar? ¿Cómo es posible que no dejes una señal en donde Dios te ha permitido estar?

Deja algo digno de ti

Es importante que en los lugares donde hemos prestado algún tipo de servicio, queden señales de nuestro paso. Crear algún procedimiento, hacer una mejora, buscar una forma más económica y sencilla de hacer las cosas, pueden ser algunas de ellas.

Si en tu departamento las cosas no están muy definidas, haz una documentación de los procesos, escribe las experiencias, para que el nivel de profundidad con la que se manejen las cosas, te permita dejar hechos trascendentes. Ve la empresa como el lugar donde tú puedes aportar, no sólo como un espacio para ganar un sueldo.

Seis técnicas para profundizar

Nº 1 - Repetir

Un profesor de cerámica llega a la clase y divide a los estudiantes en dos grupos. Al primer grupo le dice: «Ustedes van a ser evaluados por la calidad del trabajo realizado y ustedes, por la cantidad de trabajo». Ambos grupos se esfuerzan al máximo. Aquellos que estaban enfocados en la calidad, desde luego, no hicieron muchas piezas, porque su objetivo era hacer pocas piezas, pero perfectas. Por otro lado, los que iban a ser evaluados por la cantidad hicieron tantas piezas que llenaron el salón. Al final de la jornada, para sorpresa de todos, las piezas más perfectas las hizo el grupo que trabajaba por hacer mayor cantidad de piezas. La calidad se produce no con el deseo, sino con la práctica. En la medida que repetimos un ejercicio, en esa misma forma aumentaremos la calidad del resultado.

Si al leer algo por primera vez no lo entendemos, sentiremos que no hemos aprendido nada; sin embargo, el subconsciente estará captando algún tipo de información.

He visto a tantas personas recibir de alguien algún tipo de material y luego decir: «Yo no lo entiendo, es demasiado complicado para mí». Simplemente se quedan en la superficie. Yo me considero ser un estudiante por encima del promedio, sin embargo, no garantizo que al leer algo por primera vez entienda todo el contenido. De hecho, las personas promedio tienen un nivel de retención muy bajo. En tal sentido, leer algo varias veces a fin de entenderlo no es un acto para personas poco inteligentes.

Thomas Alva Edison intentó unas diez mil veces encontrar el material que serviría para la bombilla incandescente. En esos intentos él no percibió fracasos, sino que en cada fracaso obtuvo información.

Eso es lo que ocurre con la repetición; siempre que repetimos algo obtenemos información que nos es útil en el próximo intento. Como dice el cuentista inglés Dickens: «Cada fracaso nos enseña algo que deberíamos aprender». De modo que nadie es tan inteligente que haya logrado las cosas importantes en el primer intento. La repetición es la clave.

Nº 2 - Preguntar

Ella es una mujer sencilla; posiblemente no ha ido a la universidad para graduarse de abogada; sin embargo, trabaja para una firma en la cual se ganó más de un millón de dólares en su primer caso y puso a una importante corporación norteamericana «de rodillas», obligándola a pagar más de 600 millones de dólares de indemnización. Hoy día, Erin Brockovich cobra $20.000,00 dólares por dar una conferencia. (Soderbergh, 2000)

¿Qué hizo Erin para lograr tal hazaña sin tener un título universitario? Simplemente, investigó la vida de más de 600 personas, aprendió sus nombres, sus direcciones, sus enfermedades y las cosas que demandaban de la empresa.

Aquel caso era tan importante que el abogado que lo estaba manejando prefirió compartirlo con una firma más grande. Cuando esto ocurrió, los abogados de la nueva firma trataron de excluir a Erin e ignorarla por no ser graduada convencional en leyes. Para su sorpresa, nadie podía sacarla del caso porque el caso estaba en su mente; ella conocía todo y era capaz de conseguir las pruebas y las firmas necesarias. Podría decirse que el caso estaba tan pegado a ella como la bujía a un motor.

En conclusión, gracias a las investigaciones de aquella mujer común y corriente, más de 600 familias fueron indemnizadas con importantes sumas, y esto se consiguió preguntando. Tú no tienes que ser experto en todo, pero sí puedes convertirte en uno por medio de las preguntas.

Nº 3 - Insistir

No dejes que te detengan antes de profundizar. La gente siempre se interpondrá entre tú y lo que buscas, pero de todos modos debes insistir. Hazlo amablemente; si no funciona, busca la forma, pero sigue insistiendo.

Nos van a decir que no está, pero es falso, sigamos insistiendo y lo encontraremos. Podrán decirnos que no aparece pero es falso, si insistimos aparecerá. Nos dirán que volvamos luego. Negativo, insistamos y lo conseguiremos en poco tiempo.

No dejemos que los obstáculos humanos nos impidan llegar a la profundidad. Siempre le decía a mis vendedores: La suma de siete «No» dará como resultado un «Sí», por lo que un «No» debe significar un avance, para aquel que está dispuesto a insistir.

Nº 4 - Comparar

Recuerdo cuando estaba en la secundaria y se nos asignaba algún tipo de trabajo. Mi espíritu de competencia me hacía creer que mis soluciones eran las mejores, y por tanto escondía los resultados del resto del grupo. Para mi sorpresa, aquellos que lo hacían en equipo siempre lograban mejores resultados que yo. La razón era que ellos comparaban los resultados y sumaban el conocimiento. La profundidad no es sólo hacer las cosas con el mayor esmero posible, es también ponerlas a prueba cuando comparándolas con el resto del grupo.

La técnica de comparar nos hace cometer menos errores, y beneficiarnos del conocimiento acumulado. Es inteligente buscar información en otras fuentes y comparar nuestros puntos de vista con muchas otras personas. La Biblia dice que: *en la abundancia de consejeros está la victoria.* (Proverbios 11:14 LBLA)

Nº 5 - No dar nada por sentado

Un viejo refrán dice: «*Cuando el río suena es porque piedras trae*». En la cultura corporativa tú te darás cuenta que siempre surgen comentarios alrededor de alguna situación. Si cuestionas a un empleado sobre un caso y él te dice que todo está bien, que eso es una simpleza y que dentro de poco tiempo todo se solucionará, no le creas. Investiga y descubrirás que en la mayoría de los casos hay algo más en la profundidad. Las personas dicen: «Se me fueron los frenos en el accidente», pero nunca dicen: «No había revisado el sistema de frenos de mi vehículo».

Lo normal es que las cosas no ocurran por casualidad; por lo general, cuando salen mal, siempre hay una irresponsabilidad de alguien. Sin embargo, las personas son muy dadas a despersonalizar los errores y a culpar a las circunstancias. Para profundizar debes desarrollar la perspicacia. La ingenuidad es un tipo de superficialidad inconsciente que te puede perjudicar en situaciones muy difíciles.

Cuando sólo tenía siete años, un amigo me pidió buscarle algo en un lugar y yo ingenuamente fui a buscar lo que se suponía era propiedad de mi amigo. Para mi sorpresa, lo que busqué era ajeno; es decir, yo recibí los azotes por un robo que no había hecho intencionalmente, pero materialmente sí. Esa es la ingenuidad que no profundiza, que no pregunta, que da las cosas por sentado y luego paga las consecuencias.

No seas un desconfiado en extremo, pero tampoco seas un ingenuo; desarrolla el instinto de profundizar en lo que te dicen, aunque parezca una pura verdad.

Ni a los niños

Tengo un interesante vídeo de mi hija Daniela donde ella me hace una confesión. Acerca de una perrita que tenemos en casa mantenemos la siguiente conversación:

—¿Quién subió la perra en el mueble?

—Yo no sé.

—Daniela, ¿quién subió la perra en el mueble?

—Mélody (mi hija mayor).

—Daniela, pero Mélody estaba aquí conmigo. ¿Dime, quién subió la perra en el mueble?

—No lo sé. —Contestó de nuevo.

—Por última vez, Daniela, ¿quién subió a Lola en el mueble?

—Mami.

—Yo no lo creo, mami estaba en la cocina.

—Ella se subió solita, papi. Ella saltó y se subió solita.

La perra es una chihuahua No. 1 y el mueble tiene casi medio metro de altura. Como comprenderás, la naturaleza humana desde muy temprana edad tiende a inventar excusas y a esconder la verdad de las cosas. Daniela tenía sólo cuatro años en ese momento.

Nº 6 - Ir más allá de lo que piden

Juan trabajaba en una empresa hacía dos años. Siempre fue muy serio, dedicado y cumplidor de sus obligaciones; llegaba puntual y estaba orgulloso de que en dos años nunca recibió una amonestación. Cierto día estaba muy molesto y fue en busca del gerente para hacerle un reclamo.

—Señor —le dijo—, trabajo en esta empresa con bastante esmero hace dos años, y estoy a gusto con mi puesto, pero siento que he sido ignorado. Mire a Fernando; ingresó a un puesto igual al mío hace sólo 6 seis meses y ya ha sido promovido a supervisor.

—Hmm... —expresa el gerente, mostrando preocupación—. Mientras resolvemos esto, quisiera pedirte que me ayudes a resolver un problema: quiero dar frutas al personal para la sobremesa del almuerzo de hoy. En la bodega de la esquina venden frutas, por favor averigua si tienen naranjas.

Juan se esmeró en cumplir con el encargo y en cinco minutos estaba de vuelta.

—Bueno, Juan, ¿qué averiguaste? —inquirió el gerente.

—Sí, señor, tienen naranjas para la venta —contestó.

—¿Y... cuánto cuestan?

—¡Oh!... No pregunté por eso, señor.

—De acuerdo, ¿pero viste si tenían suficientes naranjas para todo el personal?

—Tampoco pregunté por eso, señor.

—¿Hay alguna fruta que pueda sustituir las naranjas?

—No sé, señor, pero creo...

—Bueno, siéntate un momento.

El gerente tomó el teléfono e hizo llamar a Fernando, otro de los empleados de la empresa. Cuando éste se presentó, el gerente le dio las mismas instrucciones, y Fernando regresó en 20 minutos.

—Bien, Fernando, ¿qué noticias me tienes?

—Señor, tienen naranjas, lo suficiente para atender a todo el personal, y si prefiere también tienen mangos, guineos, melones y papayas. Las naranjas están a 1.5 pesos el kilo, los guineos a 2.1 y el mango a 0.90 el kilo. Me dicen que si compramos por cantidad, nos darán un descuento de un 8%. He dejado separadas las naranjas, pero si usted escoge otra fruta debo regresar para confirmar el pedido.

—Muchas gracias, Fernando, pero espera un momento.

El Gerente se dirigió a Juan, que aún esperaba estupefacto.

—Juan, ¿qué me decías?

—Nada, señor. Eso era todo. Muchísimas gracias. Con su permiso.

(Motivaciones.org)

Muchas personas no profundizan en su labor argumentando que en la empresa no los valoran y que no los toman en cuenta.

Debo decir que el profundizar no es algo que hacemos para los demás, es algo que hacemos para nosotros mismos. Se profundiza porque el hacerlo conlleva un compromiso personal y no por el beneficio que podemos recibir. Cuando no profundizamos, no sólo le hacemos daño a la empresa sino que nos hacemos daño a nosotros mismos.

Cinco enemigos de la Profundidad

Nº 1 - La Ingenuidad

Si crees todo lo que te dicen, lo siento mucho por ti porque pronto no tendrás empleo y hasta podrás sufrir serias consecuencias.

Hace varios años un buque petrolero derramó accidentalmente una gran cantidad de petróleo en Alaska; el capitán estaba durmiendo y su asistente conducía el barco. Desde luego que a quien demandaron fue al capitán. Los errores no tienen intenciones, sólo tienen consecuencias.

Nº 2 - La falta de Interés

Si no eres apasionado en lo que haces, esa es una razón que te hará no profundizar. No hagas un trabajo que no sea digno de ti, mejor renuncia a él. De igual manera, cuando las personas pierden el interés, tienden a ser ligeros en la toma de decisiones y en ofrecer opiniones. Muchos errores importantes se cometen en esta situación; es decir, cuando pierdes o no tienes interés. De ahí se derivan numerosos inconvenientes que afectan tanto a la empresa como a ti.

Nº 3 - La Prisa

La prisa es producto de la falta de planificación. Las personas que no planifican lo que les corresponde hacer con suficiente tiempo, tendrán que hacerlo de prisa, y la prisa es incompatible con la profundidad. Un arreglista español me dijo: «Los recursos técnicos son importantes a la hora de hacer un buen arreglo musical y una buena mezcla, pero el elemento determinante para lograr un nivel de excelencia, es el tiempo que se le dedique al trabajo».

Nº 4 - La falta de Atención

Profundizar empieza por poner toda la atención posible en lo que se nos pide. Si no atiendes, no entiendes; y si no entiendes, no podrás profundizar por más que quieras hacerlo. Una parte importante del profundizar empieza con el nivel de atención que ponemos a las instrucciones que se nos dan.

Debemos tomar notas cuando recibimos algún tipo de información; grabar, tomar fotografías, y hacer uso de todos los recursos posibles si deseamos sacar el máximo provecho.

Un error muy común es el de ir donde el jefe o a una reunión sin un cuaderno de notas. Si no anotas, es imposible que puedas retener alguna información, lo cual te impedirá realizar una labor a profundidad. Mi recomendación: «Pon mucha atención y, por favor, toma notas».

Nº 5 - El afán de Placer

Nos convertimos en personas egocéntricas cuando todo lo que hacemos lo hacemos en busca de una satisfacción inmediata y personal, de manera egoísta. Las personas egocéntricas no hacen nada para aportar a otros, todo lo hacen en busca de su propio placer y beneficio. Esto los lleva a convertirse en seres indeseables.

El afán por el disfrute inmediato sobre lo que se hace, no deja que las personas tengan pasión, sino el deseo de autosatisfacción. Estos términos son radicalmente opuestos. La pasión por hacer algo lleva al individuo a la profundidad, lo hace pensar en el futuro, en el aporte que realizará y en el deseo de lograr algo que trascienda su existencia.

La autosatisfacción desmedida es destructora, avasallante y, a muy corto plazo, no permite que las personas profundicen en nada y las convierte en seres vacíos.

Hombres de Profundidad

Thomas Alva Edison registró 1.093 patentes. Dentro de éstas, están la de la bombilla eléctrica y la del fonógrafo. Confieso que si me impresiona la luz eléctrica, más me impresiona el fonógrafo; tener el sonido grabado en un disco y que se haga audible, es algo realmente impresionante. Sólo un hombre de la profundidad de Edison pudo haberlo hecho.

Sin embargo, la obra por la que más se conoce a Edison es por la bombilla de luz eléctrica. Se dice que se consumieron tantas bombillas que todas juntas tenían la altura de una casa de dos pisos. ¿Te imaginas eso hoy día? Creo que éste es un magnífico ejemplo de lo que significa profundizar en algo. Seguramente la mayoría de nosotros sólo habría quemado las primeras diez bombillas.

Profundizar es más que perseverar; tú puedes perseverar con los ojos cerrados. Perseverar es hacerlo hasta que las cosas pasen, pero profundizar es mantener los ojos abiertos, corregir el error e intentarlo de nuevo. Es aprender del fracaso, aislarlo, e intentarlo de nuevo hasta conseguir lo que esperamos y aún más, si es posible. Es buscar la solución aparente, y si falla, revisar en qué fallamos, e intentarlo una vez más.

Edison falló numerosas veces al experimentar con los filamentos que usaba de prueba en las bombillas; intentó múltiples veces buscando un filamento resistente y falló. Experimentó con filamentos de carbón, de algodón, de distintos metales y lo siguió intentando hasta ir eliminando opciones infuncionales, y agotó las variables que tenía, hasta que finalmente lo encontró.

Profundizar es eliminar variables, descartar posibilidades; ésa es la diferencia entre la profundidad y la perseverancia. Perseverar puede ser pasivo, profundizar es activo. Tú no estás esperando que las cosas ocurran, estás descartando todas las posibilidades y buscando nuevas opciones hasta encontrar la posibilidad que te lleve a la verdadera solución. Gracias a los niveles de esfuerzo y profundidad de Edison, hoy podemos disfrutar de muchos de sus inventos. (Liderazgo y Mercadeo)

Hace unos días leí en la revista *Mecánica Popular* un artículo de Hugo Arce, del cual son las siguientes líneas:

> *Nuestro planeta viaja alrededor del sol a razón de 107.000 km por hora. Si tu cuerpo saliera expulsado del planeta a la velocidad de la luz y regresaras en cinco años, aquí en la tierra habrían pasado 31 años, pero tú sólo habrás envejecido cinco.*

¿Suena complicado? No para Albert Einstein. Confieso que

cuando leí este texto me dio vergüenza al ver lo superficial que solemos ser; sin embargo, este hombre hace casi un siglo llegó a profundidades como ésta.

Gracias a la capacidad de profundizar de Albert Einstein hoy podemos tener los siguientes objetos: cámara digital, paneles solares, rayo láser, televisión, lubricación, GPS, plantas nucleares, códigos de barras y computación cuántica, entre otras muchas cosas.

«SER es más que TENER» Lo dice la ley de la Profundidad

La razón por la cual esta ley se convierte en parte de nuestro éxito integral, no es sólo porque nos acerca más a él, sino porque, además, cuando logramos la profundidad sobre cualquier aspecto de la vida, esto se convierte en algo que disfrutamos, en algo que se hace parte de nosotros mismos.

Aquí está la diferencia entre hacer las cosas sólo por dinero y hacerlas para convertirnos en replicadores de un beneficio. Todo aquel que profundiza se convierte en una bujía inspiradora para otros; esto hace que el éxito tenga otras caras.

Dice la historia bíblica que Moisés escogió doce espías para que fueran a explorar la tierra prometida. Sin embargo, aunque Dios sólo le había pedido que la exploraran, Moisés pidió que la escudriñaran por completo.

Aquellos hombres fueron, investigaron la tierra, y a los cuarenta días regresaron al campamento. Ellos prepararon un informe con el cual mostraban a Moisés la realidad: por un lado, estaban conformes en que la tierra era de prosperidad y de que en ella fluía leche y miel; sin embargo, por otro lado, dieron un informe muy superficial y negativo de la situación. Su falta de profundidad los llevó a mentir, a decir cosas que no eran ciertas, provocando un amotinamiento del pueblo, una insurrección de quienes esperaban ansiosos las buenas noticias de aquellos doce enviados.

El informe de estos hombres tenía dos puntos de vista diferentes. Por un lado, los pesimistas y superficiales, quienes formaban un grupo de diez, cumplieron con el principio de que no siempre la mayoría está en lo correcto; por el otro, habían otros dos que tenían una visión totalmente distinta del asunto.

La mayoría se impuso y dio su informe, el cual estaba lleno de fantasmas, de temores infundados y de falta de fe. Ellos entendían que estaban haciendo lo correcto, como lo cree mucha gente hoy, mientras cometen gravísimos errores.

Empezaron a decir cosas inventadas, porque todo el que no profundiza inventa cosas, que luego no sabe de dónde las sacó. Esta falta de profundidad y entrega le costó al pueblo de Israel, 40 años en el desierto, y la muerte de toda una generación. ¿Sabes quiénes pudieron entrar a la tierra prometida? Los dos que trajeron el informe más alentador y basado en su fe; a ellos se les dio tierra en abundancia para que la disfrutaran.

Mucha gente tiene una gran cantidad de tiempo dando vueltas en el desierto de sus vidas sin saber hacia dónde se dirigen, porque no profundizan en nada de lo que emprenden. Dejan las cosas a medias, ven «gigantes» en todo lo que hacen; sus informes son negativos y superficiales, tanto sobre ellos mismos como sobre cualquier trabajo en el que incursionan.

Te sugiero que aproveches la tierra prometida que se te ha dado. Si te toca explorarla, ve a las profundidades, analiza los pormenores con responsabilidad para que puedas presentar informes favorables.

LA LEY DEL ENFOQUE

*Mi mayor temor no es fallar,
es tener éxito en las cosas que no importan.*

Howard Hendricks

Hace algunos años se propagó una corriente psicológica que sugería a las madres embarazadas poner la música de Mozart a los niños que llevaban en el vientre. De acuerdo a esta teoría, los niños que recibían este tipo de terapia tendrían un coeficiente intelectual superior a los demás.

Me parece impresionante que a más de 2 siglos y medio de la muerte de este genio musical, la ciencia utilice su obra como un elemento de terapia. Esto es el producto de la fecunda creación de un joven llamado Wolfgang Amadeus Mozart, quien sólo vivió 34 años, pero ya a esa edad había compuesto 46 sinfonías, 20 misas, 178 sonatas y 27 conciertos para piano, 6 conciertos para violín, 23 óperas y otras 60 composiciones más.

Guillermo Orta dice de Mozart lo siguiente: «No existe, en toda la historia de la música, una vocación que se haya manifestado tan tempranamente, y que haya fructificado tan espléndida y genialmente como la de Wolfgang Amadeus Mozart.»

Se habla de Mozart como «un niño prodigio», lo que me hace preguntar: pero, ¿por qué su prodigio no fue en la ciencia o la literatura, sino en la música? Bueno, creo que tuvo mucho que ver con el hecho de que su padre era un maestro de música y, al descubrir el talento de aquel niño, no pensó en ponerlo en gimnasia, ni en natación, ni en otra actividad, ni en darle libertad para que él estudiara cuando fuera más adulto. Lo puso a estudiar música y le dio clases de música. Descubrió su talento y lo enfocó en el mismo con tal intensidad que hoy por hoy tenemos que reconocer que Mozart fue un gran maestro de la música clásica mundial. (Velázquez, 1962)

El enfoque y el tiempo

Dios ha creado a los seres humanos con talentos especiales. Es por eso que tienes cualidades que otras personas no tienen. Siempre habrá un área en la cual tendrás más habilidades que otras personas; si no tienes muchas, te felicito, pues en la medida en que más habilidades se poseen, más difícil es enfocarse. Y de hecho, la Biblia dice que *«a quien mucho se le confía, se le exigirá mucho más.»* (Lucas 12:48 DHH)

He conocido personas que son capaces de hacer cualquier cosa; sin embargo, no se han podido enfocar en algo y, por lo tanto, son maestros de nada y aprendices de todo. Lo importante no es que seas capaz de hacer muchas cosas, sino que, dentro de todas las cosas que puedas hacer, escojas aquella para la cual tienes mayor talento, y la desarrolles al máximo, a fin de que esto pueda producir resultados que trasciendan tu existencia.

Los dos regalos más importantes después de la vida

Dios nos regala dos cosas en la vida: habilidades y tiempo. A esto se le llama «propósito». Tú no eliges el propósito de tu vida, el propósito de tu vida te elige a ti, y la única forma de fracasar es cuando tratas de escoger un propósito contrario al que Dios te ha destinado.

Como Dios nos da habilidades y tiempo, los dos son recursos finitos: las habilidades se pierden con los años, si no se pulen y perfeccionan, y el tiempo se acorta, y si tú no logras enfocarte perderás los dos preciados recursos, y habrás consumido tu tiempo hábil en la tierra sin lograr aquello para lo cual fuiste creado.

La Biblia dice que el hombre tiene un promedio de vida de 70 a 80 años, independientemente de que hay personas que duran hasta 100 años. Lo cierto es que una persona que llega a los 70 debe estar agradecida de Dios por lo que Él le ha permitido vivir.

Terminamos nuestra universidad a los 20 años aproximadamente; otros más tarde, algunos más temprano, lo que quiere decir que, desde entonces, a ti te quedan 50 años de vida laboral para llegar a los 70. Sin embargo, las personas pensamos retirarnos a los 55 años de edad, lo que quiere decir que de 20 a 55 lo que tienes para enfocarte son 35 años.

Calcula que cuando pierdes un año de estos 35, estás perdiendo aproximadamente el 3% de tu tiempo de enfoque. Por ejemplo, yo hice mi cálculo personal y teniendo 30 años, he consumido el 54% de mi tiempo. Las preguntas deben ser: ¿Estoy yo en la ruta correcta? ¿La parte del tiempo que he consumido me ha llevado cerca del propósito que Dios tiene para mí?

A continuación te voy a regalar lo que he titulado «La tabla de la Vida», a fin de que puedas ubicarte dentro del espacio de tiempo de enfoque que te corresponda, y te des cuenta de cuánto tiempo has consumido y cuánto tiempo laboral te queda.

Tabla de vida a partir de los 20 años

Edad actual	Años a partir de los 20	Tiempo de enfoque	% tiempo consumido
20	1	35	3%
21	2	34	6%
22	3	33	9%
23	4	32	11%
24	5	31	14%
25	6	30	17%
26	7	29	20%
27	8	28	23%
28	9	27	26%
29	10	26	29%
30	11	25	31%
31	12	24	34%
32	13	23	37%
33	14	22	40%
34	15	21	43%
35	16	20	46%
36	17	19	49%
37	18	18	51%
38	19	17	54%
39	20	16	57%
40	21	15	60%
41	22	14	63%
42	23	13	66%
43	24	12	69%
44	25	11	71%
45	26	10	74%
46	27	9	77%
47	28	8	80%
48	29	7	83%
49	30	6	86%
50	31	5	89%
51	32	4	91%
52	33	3	94%
53	34	2	97%
54	35	1	100%

No me interesa en lo absoluto desanimar a las personas que tienen 55 años o más; al contrario, quiero animarles a enfocarse. Pienso que nunca es tarde para enfocarnos. Tengo la convicción que un año bien enfocado es más útil que cinco no enfocados. También entiendo que en cualquier área a la que le dediques cinco años o más, podrás lograr un nivel de éxito aceptable. La tabla de más arriba está diseñada para que a otros no les pase lo que te pasó a ti, que te diste cuenta un poco tarde de la necesidad de enfocarte.

Nos enfocamos en algo cuando decidimos concentrar cada momento útil de nuestra vida en una misma dirección. Si consumes el 3% en un año, quiere decir que no puedes estar cada año haciendo una cosa distinta, pues al final habrás perdido tu tiempo sin lograr nada que valga la pena. Cada vez que desistes de una tarea y empiezas otra, habrás dejado en el camino muchas ilusiones, relaciones y mucho conocimiento. Luego de dejar todo eso atrás, empezarás de cero en otra tarea distinta. Si no te enfocas, habrás consumido más tiempo, y así sucesivamente, hasta que abres los ojos y te des cuenta de que la vida se te está acortando.

10 Años de Enfoque

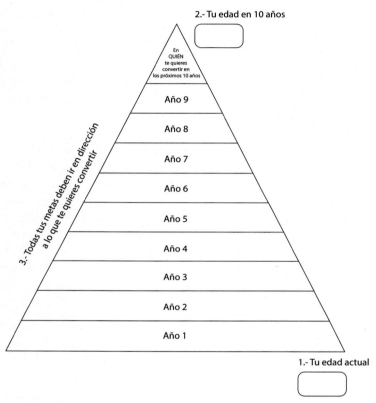

Paso 1 - Establecer tu edad actual.

Paso 2 - ¿Qué edad tendrás dentro de 10 años?

Paso 3 - ¿En quién te quieres convertir dentro de 10 años?

Paso 4 - Alinear todas tus metas para convertirte en la persona que deseas.

Paso 5 - Revisar todos los años si está caminado en la dirección correcta.

Paso 6 - Revisar las variaciones y seguir adelante.

Cinco claves para mantenerte enfocado

CLAVE Nº 1 - Descubre tu punto más fuerte

Erróneamente, las personas dedican mucho tiempo a trabajar sus debilidades, y menos tiempo a trabajar sus fortalezas. Su enorme deseo de agradar a todos les hace creer que si se concentran en mejorar sus debilidades serán más queridos y populares ante los demás. Detrás de todo genio hay miles de defectos; por ejemplo, en Londres se hizo una estatua de Sir Winston Churchill amordazado y con una camisa de fuerza. Dicha estatua trata de persuadir a las personas para que tengan compasión por los enfermos mentales. Dejo a su imaginación lo que esta estatua sugiere. (AFP, 2006)

Muchas personas no saben que el emperador romano Julio César posiblemente fuera epiléptico, al igual que Vincent Van Gogh y Fedor Dostoievski. Son famosos el mal genio de Henry Ford y la invalidez de Franklin D. Roosevelt. Como éstos, muchos grandes hombres tuvieron defectos evidentes. Sin embargo, hoy esos hombres no son recordados por sus defectos, sino por sus virtudes.

En nuestra sociedad, llena de inseguridades y de grandes ofertas, los padres se hacen «esclavos» de los niños, a quienes hay que llevar a varias clases en las tardes: ballet, pintura, música, baseball, football, etc. El punto es que, según algunos padres, hay que ponerlos a probar todo, para que descubran lo que les gusta. Desde mi óptica, es sano ayudar a los niños a aprender diferentes disciplinas; sin embargo, si logramos que se enfoquen temprano en aquello para lo cual tienen potencial, sus posibilidades de éxito serán mayores.

Cuando concentres la mayoría de tu tiempo y energía en hacer aquello en lo que realmente percibes que eres brillante, al final cosecharás grandes recompensas.

CLAVE Nº 2 - Decide hacer una sola cosa y sacrifica las demás

Los autores Al Ries y Jack Trout en su libro «Las 22 Leyes Inmutables del Marketing», escribieron una de las más importantes verdades que se haya leído o escuchado sobre este tema. Ellos la llaman La Ley del Sacrificio, la cual dice: «Si quieres ser líder en algo, debes sacrificar algo». (Trout, y otros, 2004)

A los 21 años ya yo me había graduado de abogado, y de varias carreras técnicas más; a los 25 había hecho una maestría en marketing; también hice una maestría en administración de empresas. He trabajado por más de 15 años en el área de marketing y las ventas, específicamente en el área de la venta de seguros.

Puedo hacer muchas cosas; y en la mayoría de las cosas que hago puedo alcanzar un nivel de calidad superior al promedio. Mi gran problema no es poder hacer varias cosas simultáneamente, es poder sacrificar cosas, y dedicarme a una sola.

En mi falta de visión entendía que mientras más cosas pudiera hacer, era mejor. De hecho, me inscribí para estudiar psicología, estudié teología e intenté estudiar periodismo; pero de lo que no me estaba dando cuenta era que mi tiempo de enfoque se estaba consumiendo poco a poco y no había caminado en una misma dirección.

Enfocarse en una sola cosa no significa que de inmediato tú dejas todo lo que está a tu alrededor; significa que todo lo que haces tiene algo que ver con el objeto de tu enfoque.

CLAVE Nº 3 - Nunca renuncies a aquello para lo cual tienes potencial

El camino a la cima es como caminar en el desierto, porque en el desierto siempre hay una razón para quejarse. Tú te quejas del día porque hace mucho sol, o porque hay mucha arena, te quejas de las noches porque hay mucho viento, te quejas de las tardes porque hay ladrones, etc. Siempre habrá una razón para quejarse amargamente; sin embargo, hay algo muy importante: sin importar cuanto tú te quejes, lo real es que si no te mantienes caminando, morirás. La moraleja de esto es que nunca te detengas, aunque el viento no parezca ir a tu favor. Si es necesario quejarte, hazlo, pero nunca te detengas.

Renunciar es el peor error que pueden cometer aquellos que han sido dotados de un talento especial.

¿Por qué renuncia la gente?

Por la crítica de otros. Es normal que la gente renuncie cuando recibe constantes críticas de los demás, haciéndole entender que no vale la pena seguir adelante. La historia de Abraham Lincoln nos convence de que no siempre las críticas y las expectativas negativas determinan nuestro futuro, a menos que renunciemos.

Por el fracaso. Los fracasos son parte inherente a nuestro triunfo; no renuncies al fracaso, renuncia a no triunfar. Fracasar es la materia prima del éxito. Cuando una persona es capaz de superar el fracaso repetidamente, su éxito es cuestión de tiempo.

Por la oposición de los demás. En tu carrera posiblemente nunca tengas problemas con las cosas inanimadas. Me explico: Un corredor de maratón no tendrá problemas con un puente al cruzarlo, o con un obstáculo en el camino; tendrá problemas con los que corren a su lado, quienes al verlo en la delantera podrían hacer lo posible a fin de que éste no obtenga el trofeo. Pero si él renuncia cuando los demás le hacen la vida difícil, nunca podrá tener éxito, porque donde quiera que vaya encontrará personas que le harán la vida difícil a fin de que renuncie.

Por complejos personales. En mi experiencia con empleados he notado que hay muchas personas que sin saberlo, manejan complejos de inferioridad. Ellos siempre se sienten perseguidos, sienten que las cosas les ocurren sólo a ellos, por tal o cual razón. Cuando sienten la presión del medio, perciben que hay una gran conspiración en su contra y ven a todos como sus enemigos. El resultado final es que estas personas renuncian a su trabajo con mucha facilidad.

Si tú quieres mantenerte enfocado, niega toda posibilidad de renunciar. Nunca dejes que esta duda te invada, sólo asegúrate de que tienes talento para lo que haces, y dedícale tiempo.

CLAVE Nº 4 - No dejes que la falta de resultado te haga desenfocar

Normalmente las personas tienden a desesperarse ante la falta aparente de resultado sobre lo que hacen; sin embargo, nada importante puede lograrse de la noche a la mañana. Si crees que los resultados son la evidencia de que vas en el camino correcto, sería bueno que recordaras que Cristóbal Colón tuvo que remar bastante antes de llegar a América. Ir en el camino correcto no significa ver las luces de lejos; es el tiempo lo que determina que has hecho lo adecuado.

Los resultados del enfoque se miden en años. Tal vez en el primer año de enfoque no veas un progreso aparente; sin embargo, al quinto año, haciendo lo mismo, tú serás un experto, y después de seis años haciendo lo mismo, con la pasión y el entusiasmo requeridos, serás una persona a la que habrá que consultarla sobre el tema que hayas escogido.

El hecho de que tú no estés produciendo resultados, no significa que no estás avanzando; tu avance se logra en medidas imperceptibles. Si te detienes en la madrugada te darás cuenta de que el día llega de tal forma que puedes percibirlo. No se puede medir con exactitud el momento en que se va la noche y entra el día. De igual manera, tú no podrás medir el día en el que pasas de dar resultados mediocres a dar resultados extraordinarios;

simplemente llegará el momento, en tanto te mantengas haciendo lo mismo y no renuncies por falta de resultados.

CLAVE Nº 5 - Hazlo con pasión, pero sin desesperación

La pasión es imprescindible para ver el fruto de tu enfoque. Las personas deben estar apasionadas en desarrollar sus dones. Apasionadas de tal forma que los demás puedan notar que amas lo que haces. John Wesley decía: «A las personas les gusta que ardas en fuego, para venir y contemplar cómo te quemas».

Apasiónate en lo que estás enfocado, y tu recorrido será más divertido, hará que tus satisfacciones sean mayores, y será el «lubricante que evitará que tu motor se funda cuando esté sobrecalentado» por el cansancio o la ansiedad. Recuerda que el éxito, más que un destino, es un camino del cual debes disfrutar cada espacio que recorres.

Tres beneficios del Enfoque

Nº 1 - Satisfacción personal

Las personas enfocadas tienen mayor nivel de satisfacción personal en vista de que se sienten conformes con los logros que han obtenido. La autoestima se mejora en la medida en que estás consciente de que has hecho lo correcto.

Una de las cosas que hace sentir mal a los seres humanos es el hecho de no hacer lo que tienen planificado hacer. Es por ello que, cuando una persona se enfoca y aprovecha el tiempo, haciendo lo que le gusta y para lo que tiene talento, al final de la jornada podrá sentirse satisfecha consigo misma y podrá decir: «He hecho lo correcto».

Nº 2 - Éxito económico

Las personas enfocadas tienen mayor éxito económico que el promedio. No importa el área de tu enfoque, ni a lo que te dediques; si lo haces con la calidad y el entusiasmo que produce el enfoque, tus resultados económicos serán superiores.

Si en los primeros años de tu vida te enfocas en algo específico pasará algo impactante. Pero esto sucede si sabes lo que quieres y lo haces con pasión. De repente empezarás a ver cómo las cosas a tu alrededor empiezan a cambiar y no tendrás que buscar el dinero porque él empezará a buscarte a ti.

Increíblemente, la razón por la que las personas no tienen éxito económico no es por falta de trabajo o por falta de aspiración, sino porque pasan la vida detrás del dinero, pero no se enfocan en hacer aquello para lo cual han sido dotados. A la larga no son felices, y posiblemente tampoco sean ricos.

El éxito integral sugiere que al poder económico deben acompañarle la felicidad y la satisfacción personal. El gran error de los seres humanos es gastar su vida en busca de dinero, aunque ellos sean personas infelices, con familias infelices, en hogares infelices.

El dinero es una consecuencia de nuestro enfoque

Nunca debe ser el fin de nuestro enfoque. De ser así, pienso que tu enfoque sería insípido e interesado.

Si tu hijo te preguntara:

—Papi, ¿qué tú aportas a la sociedad?

Tú te limitarías a responderle:

—Yo gano dinero, mucho dinero para que tú seas feliz.

Si no puedes dar una respuesta más amplia a esta pregunta, quiere decir que tu enfoque no está bien definido y que posiblemente lo único que puedes decir es que trabajas para tener un mejor estatus económico; sin embargo, tus hijos esperan oír mucho más que eso. Ellos esperan oír algo más sublime, quieren oírte hablar de lo que tú haces por la sociedad, no de lo que recibes de ella.

Nº 3 - Produce beneficios para la posteridad

Todos los museos del mundo están llenos de obras de arte hechas por hombres que murieron teniendo una vida modesta y a veces muy por debajo del promedio. Su enfoque estuvo en algo que les proporcionaba satisfacción personal, y para lo que Dios los había dotado. El punto aquí es que el enfoque produjo beneficios para la posteridad, por medio de esas personas.

La Madre Teresa

La Madre Teresa es un ejemplo de lo que significa una vida enfocada y que produjo beneficios para la posteridad. Esto nos muestra que enfocarse no necesariamente tiene que ser con el objetivo de tener un éxito económico. El enfocarse exige un ideal, exige algo más sublime, algo que no nos pertenece, que es propiedad de la humanidad, y de lo que nos convertimos en sus administradores.

En una ocasión le donaron a la Madre Teresa un hogar para atender enfermos; el mismo estaba ricamente amueblado. Al recibirlo, la Madre Teresa empezó a sacar todos aquellos muebles costosos y a cambiarlos por camas para los enfermos. Ella dijo: *«Este es un lugar para cuidar enfermos, no para tener lujos y suntuosidades, aunque sean regaladas».*

Hoy día la organización creada por la Madre Teresa administra millones de dólares y tiene representación en casi todo el mundo. Ella murió siendo una persona muy desprendida; era evidente que su aspiración personal no fue la riqueza.

El enfoque produce resultados para la posteridad, resultados que trascienden a las personas. Hay dos frases de la Madre Teresa que evidencian su alto nivel de enfoque: *«Para hacer que una lámpara esté siempre encendida, no debemos dejar de ponerle aceite»* y *«No puedo parar de trabajar; tendré toda la eternidad para descansar.»*

La Madre Teresa de Calcuta, en una de sus excelsas alocuciones en provecho de la humanidad, dijo: *«A veces sentimos que lo que hacemos es tan solo una gota en el mar, pero el mar sería menos si le faltara esa gota».*

El enfoque y el matrimonio

Como ministro he tenido que casar a varias personas; veo en sus rostros el inmenso deseo que ambos tienen de compartir juntos el resto de sus vidas. De hecho, en la ceremonia siento que ellos están ansiosos porque termine y los declare marido y mujer.

Hace mucho tiempo he venido analizando la relación existente entre el éxito personal y la duración de los matrimonios. He observado con cierta preocupación el hecho de que hay una relación directa entre el fracaso económico y el fracaso matrimonial.

Yo creía que esta observación había sido algo muy particular en mí, y nunca había hecho este comentario hasta que encontré en las páginas de un libro una información que me confirma que hay estudios científicos que demuestran una enorme relación entre la quiebra económica y el divorcio.

Elizabeth Warren, profesora de la escuela de leyes de la Universidad de Harvard, y los profesores de leyes Teresa

Sullivan y Jay Westbrook de la Universidad de Texas, llegaron a las siguientes conclusiones: «Un hallazgo recurrente y durable entre los expertos en bancarrota es que el divorcio está vinculado directamente con la quiebra económica». Además descubrieron que el 63% de los solteros que se declaran en bancarrota son divorciados. (Sullivan, y otros, 2001)

El adulterio: un desenfoque

¿Qué tiene que ver el enfoque con el divorcio? Lo cierto es que hay muchas razones por las cuales las parejas se divorcian hoy día, pero yo podría decir que una de las principales razones es el adulterio. Esto se traduce como un desenfoque sentimental. Si no tomas en cuenta el tiempo de enfoque, como dijimos anteriormente, y pierdes diez años de matrimonio, lo echas a la basura para empezar una nueva relación, en algún sentido esto significa que ha habido un desenfoque matrimonial en tu vida.

De hecho, las empresas y la sociedad reciben los efectos nocivos del divorcio, y si se pudieran calcular las horas de trabajo que hacen perder los divorcios, así como el efecto en el rendimiento de un empleado, creo que habría que sumar millones de dólares anuales.

Me ha tocado aconsejar a personas divorciadas y lo cierto es que son largas las horas que hay que emplear para reenfocarlas. Las empresas deben cuantificar lo que les cuesta el divorcio de uno de sus empleados.

El punto aquí es que, como estamos hablando de éxito integral, debemos tratar el tema de la familia y cómo afecta a la empresa el perder de vista un punto tan importante en la vida de los individuos. Sin embargo, la empresa, lejos de propiciar el enriquecimiento familiar, muchas veces se convierte en un instrumento que trastorna el matrimonio, y a veces hasta lo destruye.

Los matrimonios enfocados son más ricos

Hay un estudio de más de mil millonarios en todos los Estados Unidos, entre 1990 y 1995, donde llegaron a las siguientes conclusiones sobre las familias prósperas: «Están compuestas por parejas que se han casado una sola vez y siguen viviendo juntos a través de los años. Esto sugiere que están compuestas por personas que se han enfocado en su matrimonio y son conscientes de lo que significa la familia para su crecimiento y éxito». (Stanley, y otros, 1996)

Para los que no se han casado

Mi recomendación es que, si no te has casado, estés consciente de que el matrimonio, antes que cualquier otra cosa, es un contrato. Por ello la Biblia dice: «Y se unirá el hombre a su mujer y serán una sola carne». Tú firmas un contrato de unidad, de sociedad, de cooperación, de soporte, de fidelidad, de ayuda y de muchas cosas más. No es algo que tú debes tomar a la ligera, ni debe ser guiado solo por el sentimiento, sino también por la razón.

Los matrimonios que se hacen bajo un nivel de conciencia que supera el enamoramiento, están cimentados sobre bases más sólidas que aquel que se funda únicamente en la pasión y el encanto. Cuando la pareja pierde la pasión, algo que se va con los años, quedan los acuerdos de respeto, de cuidado, de ternura, etc. Si la pareja tiene estos conceptos claros, sobrepasará la barrera de los años.

Nadie puede ser obligado a permanecer con una pareja en contra de su voluntad, cuando las leyes de la tierra le permiten una separación. Sin embargo, Dios, «que es más sabio que el hombre, le recomienda que se una a una sola pareja y que lo haga por toda la vida». *Por esto dejará el hombre a su padre y a su madre, y se unirá a su mujer, y los dos serán una sola carne; así que no son ya más dos, sino uno.* (Marcos 10:7–8 RVR 1960)

Los estudios revelan que Dios tiene razón. Sin embargo, si tú estás decidido a divorciarte, simplemente te sugiero que reconsideres el asunto, y si definitivamente tomas la decisión, espero que puedas reenfocarte en el menor tiempo posible y trates de no hacer una selección que te lleve a tomar la misma decisión otra vez.

Por último, quiero advertirte que enfocarte en tu pareja no es algo que simplemente te hace más próspero en términos financieros; es algo que te hace más pleno como ser humano, es algo que produce satisfacciones que van más allá de lo económico.

Punto final del Enfoque

Quiero cerrar este capítulo diciéndote lo siguiente: He tenido muchos temores en mi vida; sin embargo, hay uno solo que me persigue constantemente y es el temor a llegar a la vejez sin estar ciento por ciento convencido de que he caminado en la dirección correcta, de que he hecho lo que Dios ha querido que yo haga durante mi existencia en la tierra.

No quiero llegar a ese tiempo sin estar satisfecho conmigo mismo; no quiero que la vida se me vaya haciendo las cosas a mi manera. También deseo enormemente que tu vida no se diluya en el tiempo, inventando proyectos y haciendo cosas con el único fin de ganar dinero, o impresionar a otros. Deseo en gran manera que todos aquellos que leen estos párrafos puedan estar conscientes de que están haciendo el uso adecuado de su tiempo, y que van caminando en la dirección correcta.

LA LEY DE LA VALORACIÓN

Para ti, ¿qué significa un pedazo de piedra? Podría ser un problema, un obstáculo, una basura, o un objeto inanimado sin ninguna importancia; sin embargo, hubo alguien para quien un pedazo de piedra significó algo más que eso.

Para Miguel Ángel un pedazo de piedra significó el David, una obra de arte que cinco siglos después de la muerte de su autor es contemplada por todo el mundo con admiración y embeleso.

El 7 de septiembre del 2004 se celebraron en Florencia los 500 años del David y un periódico chileno publicó: «El David, una de las esculturas más famosas y admiradas del mundo cumple 500 años, con su piel de mármol más reluciente que nunca». ¿Cómo puede un pedazo de piedra adquirir un valor inimaginable? ¿Cómo puede un hombre agregar tanto valor a un objeto inanimado?

Cuando hablo de valoración me refiero exactamente a esto, a tomar cosas que para la mayoría de los seres humanos serían insignificantes, pero, que puedes convertir en verdaderas obras de arte.

La mayoría de las personas viven quejándose de todo a su alrededor. Se quejan de sus vidas, de sus trabajos, del bajo sueldo, del poco apoyo que reciben... Pero, a través de esta ley quiero invitarte a pensar por un momento en la siguiente pregunta: ¿Cuánto valor has agregado a aquello que han puesto en tus manos? Las cosas que tengo ahora, ¿valen más en este momento, que al momento de adquirirlas? ¿Las personas que me rodean son mejores seres humanos después de conocerme, o las he convertido en seres amargados que se aterran ante mi presencia?

La Ley de la Valoración va en contraposición a la autocompasión. En lugar de autocompadecerte o de criticar tu entorno, haz uso de los recursos que tienes y transfórmalos en algo de más valor.

La Bolsa de Valores

Todos los días vemos por la televisión el momento en que los corredores de bolsas están frente a una pantalla. ¿Qué espera esta gente? ¿Qué es tan importante para ellos que pueden permanecer horas frente a un computador? Lo que esperan es ver cuánto valor ganan o pierden las empresas. Una empresa en donde las acciones suben de precio, está ganando valor; una empresa en donde bajan de precio en algún sentido está perdiendo valor.

Hay empresas que, por el simple hecho de contratar un nuevo CEO, empiezan a subir sus acciones. ¿Qué significa esto? Que hay personas que han tenido una trayectoria de aumentar de valor las cosas que caen en sus manos. Los accionistas se sienten confiados, y al hacerlo ponen un mayor precio a sus acciones y deciden no venderlas, o venderlas más caras.

Imagínate que has sido seleccionado para ocupar la posición de ejecutivo principal de una compañía de las Fortune 500. ¿Crees que tus empleados, tus amigos, tu esposa y demás conocidos invertirían más en esta empresa o que, por el contrario, correrían a sacar lo poco que tienen invertido en la misma?

Si la respuesta es positiva, es porque en algún sentido tú eres una persona que agrega valor; de lo contrario, entonces debes revisarte, porque posiblemente tú seas una persona que resta valor a lo que cae en tus manos.

Quiero que te preguntes esto, y que por favor te tomes unos 10 minutos antes de continuar con esta lectura para responder a la pregunta. Busca bolígrafo y papel, y empieza a anotar los siguientes datos:

¿Cuáles cosas de las que han confiado en mis manos las he entregado en mejor estado de como las recibí? ¿Cuáles personas que han llegado a mi vida las he convertido en mejores seres humanos? En mi trabajo, ¿he agregado valor a mi puesto o me quejo constantemente de él?

Si en tu lista de cosas no encuentras alguna a la cual hayas agregado valor significativo, déjame decirte que tenemos que trabajar en tu caso, porque podrías convertirte en una mole humana que va destruyendo todo aquello a lo que le pone la mano.

Los accionista quieren gente que agregue valor

En mi gestión como ejecutivo en el área de negocios siempre me correspondía supervisar lo que hacían los distintos gerentes en sus territorios. Recuerdo que algunos me dijeron que en su territorio las ventas estaban por el suelo debido a que ya no había a quien venderle, que todo estaba servido...

Mi respuesta siempre fue la misma «Si no hay a quien venderle significa que no necesitamos vendedores, lo que equivale a tu renuncia. La única razón por la que tú trabajas en esta empresa, es para justificar que en ese terreno podemos sacar buenos clientes. La decisión es tuya».

Por mucho tiempo hemos estado escuchando el discurso de quienes escriben de liderazgo y delegación efectiva. Hay muchas personas que entienden que los dueños de empresas centralizan el poder y que no les gusta confiar a otros las cosas importantes. Hay que estar en los zapatos de los accionistas para entender por qué esto ocurre. ¿Por qué centralizan el poder?

Si nos imaginamos a alguien que ha pasado toda su vida trabajando, pagando un alto precio para conseguir algunos ahorros y al cabo de un tiempo logra tener una pequeña fortuna, y debe decidir entre dos opciones: ponerla en un banco a ganar un 5% de interés anual o invertirla en una empresa donde las ganancias pueden ser incalculables, lo lógico es que se decida por esto último. Por supuesto que el dilema se presenta con la siguiente pregunta: ¿Quién va a administrar ese negocio?

Es por ello que los accionistas son tan temerosos en delegar, en dar riendas sueltas a los nuevos ejecutivos, para que estos prueben si las estrategias funcionan.

Créeme que he visto mucha gente dilapidar dinero que no sabe de donde salió. La diferencia entre un ejecutivo y un accionista es que si las estrategias fallan, el ejecutivo habrá perdido su empleo, algo que podrá solucionar en los próximos días; pero, el accionista habrá perdido los ahorros de toda su vida y eso no se puede recuperar tan fácilmente.

Al Señor Jesucristo le gusta la gente que agregue valor

Recordando la parábola de las monedas de oro de la que hicimos referencia en la Ley de la Profundidad, vemos que El Señor Jesús habla acerca de tres siervos a los que se les entregaron talentos o monedas. A uno se le entregaron cinco mil monedas, a otro, dos mil y a otro, mil. El que había recibido las cinco mil monedas llegó con diez mil; el que recibió dos mil, llegó con cuatro mil; al que se le entregaron mil, no trajo nada más que las mismas mil que se le confiaron.

El dueño se dirigió al primero diciéndole: «¡Hiciste bien, siervo bueno y fiel! En lo poco has sido fiel; te pondré a cargo de mucho más.», y al segundo lo retribuyó de la misma manera, pero al siervo de las mil monedas le reprochó diciendo: «¡Siervo malo y perezoso!»; ordenando a la vez: «Quítenle las mil monedas y dénselas al que tiene las diez mil ... Y a ese siervo inútil échenlo afuera...» (Mateo 25:14–30 NVI)

A los accionistas les gustan las personas que agregan valor, los que suman, aquellos a quienes le dan cien y les traen ciento veinte; no a los que dándole ciento veinte les traen cien y luego justifican la pérdida diciendo que la inversión no fue suficiente y que había que invertir más en promoción. ¿Te parece conocido este argumento?

Si quieres ganar el favor de los accionistas, ten cuidado en cómo planteas el asunto de las inversiones, cómo demandas más recursos, cómo dices que lo que hay no es bueno y que necesitas más. Ese tipo de cosas no son las que los accionistas esperan o quieren oír. Quieren oír que se hizo el trabajo con una camioneta gastada la cual se reparó con piezas que sobraron de la camioneta anterior.

Quieren oír que en horas de la tarde te tomas tiempo para limpiar, aunque no te corresponda como administrador o gerente. Quieren oír que supervisas que los desperdicios no se boten, sino que verificas que pueden ser transformados en productos para otros usos. Quieren oír que se les agrega valor a las cosas, nunca que se les resta.

Estas palabras no son bonitas, ni son modernas, simplemente son reales. La naturaleza humana siempre ha sido la misma, el hombre siempre ha tenido amor por los recursos y siempre ha esperado lo mejor de sus inversiones.

El Señor Jesucristo en la citada parábola, nos muestra el resultado del que tenía un talento. La reacción del jefe fue furiosa y le dijo: «Por qué no me lo dijiste, de esta forma habría llevado mi dinero al banco y no habría perdido el tiempo y los intereses dejados de percibir». (Parafraseada por el autor de Mateo 25:26-28.) Ese es el tipo de reacción que tienen los accionistas cuando tú no le agregas valor a su inversión. Es mejor tener los ahorros en manos de un banquero y no en manos de un administrador que no agrega valor.

Siete reglas para aumentar valor

REGLA Nº 1 - Compromiso

Johann Wolfgang Von Goethe dijo: «Mientras la persona no se compromete, habrá indecisión, inconvenientes e ineficacia constantes... En el momento que uno se compromete, una corriente completa de acontecimientos brotará de la decisión, poniendo a favor de uno todo tipo de incidentes imprevistos y asistencia material que nadie habría podido generar».

Sólo un alto sentido del compromiso puede servirnos para agregar valor a aquello que se nos ha confiado. Si al confiar un bien en nuestras manos no asumimos un compromiso responsable de valorarlo, ciertamente nos costará mucho esfuerzo conseguir un aumento del valor de lo confiado.

REGLA Nº 2 - Cuidado

En el hotel en donde se congrega nuestra iglesia puedo ver una camioneta roja del año 1950. Es una Chevrolet que está en magníficas condiciones. Pertenece a Kevin Manning. Me parece algo sorprendente cómo una persona puede conservar un vehículo de ese año en tan buenas condiciones. Parece acabado de sacar de la agencia. Esto sólo se puede lograr a través del cuidado. Si no cuidas lo que se te confía, si no le prestas la atención necesaria, ten por seguro que en muy poco tiempo los resultados negativos no se harán esperar.

Si se te ha confiado una maquinaria, un vehículo, una empresa; cuídala, límpiala. Busca por todos los medios que se vea de tal forma, que las personas puedan señalarte como un hombre o mujer que agrega valor a lo que cae en sus manos. Hay pocas cosas que hagan sentir mejor a los accionistas y propietarios que tener un administrador que cuida los recursos de la empresa como si fueran suyos.

REGLA Nº 3 - Gratitud

Hay una historia de un hombre a quien un amigo lejano le pidió que le construyera una casa. El amigo prometió enviarle el dinero para la obra, lo cual hizo fielmente. El constructor buscó la forma de economizarse un buen dinero y para asegurarse de ello, compró los peores materiales que pudo encontrar. Al cabo de un tiempo el dueño de la casa vino a ver la construcción y dijo las siguientes palabras: «Amigo, puedes tomar la casa, la construí para ti».

Muchas personas no agregan valor porque la empresa para la que trabajan no les pertenece; ellos creen que agregar valor a algo que no es de su propiedad no tiene mucha importancia personal. Este pensamiento es un tremendo error, ya que si no se agrega valor a lo ajeno, difícilmente se agregará valor a lo propio. El agregar valor refleja nuestra gratitud. Desde mi óptica, el peor defecto que puede tener un ser humano es la ingratitud.

¡Sé agradecido, concéntrate en la oportunidad que te dieron de ser sustentado con un salario, y de tener un medio para sostener a tu familia! No te concentres en lo que ganan los accionistas o en lo que se ganan tus jefes; haz lo que tienes que hacer y no calcules ganancias ajenas, que te harán un ser ingrato y atrevido.

En estos días tuve la oportunidad de aconsejar a mi asesor en computación, quien formó un negocio con un socio. Este socio le está cobrando interés por el dinero invertido y al mismo tiempo quiere el 50% de las utilidades de la compañía. El socio invirtió 50.000 dólares en la compañía y mi asesor invirtió 2.000.

De repente él empieza a sentir que lo están explotando, que no es posible que esté haciendo el trabajo y su socio esté ganando más dinero que él. A simple vista ésta parece ser una reacción lógica y entendible, pero no para mí. Por eso le hice la siguiente pregunta: «¿Te están aconsejando muchas personas que dejes a tu socio porque te está explotando? ¿Cuántos de ellos están dispuestos a confiar en ti y a prestarte la suma de dinero que él te prestó? Tú sólo tienes 21 años y él ha confiado en ti, ¿por qué mejor no te concentras en agregar valor a esa suma, a ganarte lo que debes ganarte y dejar que él se gane lo que debe ganarse?» Mi amigo reconsideró la idea y está echando adelante el negocio. Realmente el socio de mi asesor exagera en su trato comercial, pero espero que mi amigo tenga la madurez para conversar con él y convencerlo de que no es una forma justa de hacer el negocio.

Agrega valor a lo que te confían en las manos y sé agradecido; no pienses que por no ser el dueño no te corresponde cuidar las cosas. La gratitud te llevará a pensar que siempre debes cuidar las cosas como si fueran tuyas, y que debes ser una persona que valora el esfuerzo que otros han hecho. Agradece la confianza que tus superiores han depositado en ti al momento de darte el empleo.

REGLA Nº 4 - Capacidad

Ray Kroc solía citar esta frase: «No hay nada en el mundo que pueda tomar el lugar de la persistencia. No lo puede hacer el talento; nada es más común que hombre con talento fracasado. Tampoco la calidad del genio de la persona; un genio sin recompensa es casi proverbial; ni la educación; el mundo está lleno de educados relegados. Nada puede sustituir la capacidad de trabajo». (Poissant, y otros, 2005)

Personalmente entiendo que el trabajo puede sustituir a miles de defectos. Tú puedes ser poco atractivo, no tener apellidos importantes, tener escasa educación; en fin, puedes tener numerosos defectos, pero el trabajo puede superar miles de limitaciones.

No te concentres en tus defectos, trabaja de manera consistente, trabaja abundantemente, trabaja, y pronto te darás cuenta que tus defectos son pequeños si se comparan con tus oportunidades.

En la película «Rudy», que trata de la vida de Rudy Ruettiger, se presenta una escena en la que uno de sus compañeros le reclama porque le ha golpeado fuertemente en una práctica. El manager interviene en la discusión y le dice al otro joven:

—¿Cuál es tu problema?, si tuvieras la mitad del corazón de Rudy, estarías jugando en el Súper Bowl.

Esa capacidad de trabajo que mencionó el manager, le permitió a Rudy formar parte de uno de los equipos más influyentes de la NFL y entrar en una universidad donde a cualquier otra persona, con sus notas escolares, le habría sido difícil ingresar. Su capacidad se sobrepuso a sus debilidades. ¡Yo creo en eso! (Anspaugh, 1993)

La capacidad de trabajo agrega valor a las cosas de una manera natural. No es posible que si tú dedicas más tiempo a algo, no se vean los resultados. Las cosas mejoran con algo más que el conocimiento, mejoran con el trabajo. Si quieres que lo que está en tus manos tenga más valor, dedica más tiempo a mejorarlo.

REGLA Nº 5 - Visión

En la década de los años 50 fue construido en nuestro país el puente Duarte. Hoy, año 2007, esa estructura está un poco desgastada, por lo que el Estado empezó su reconstrucción.

Durante el proceso fue necesario reducir el tránsito por esa vía con el propósito de restarle peso. Para lograr esa reducción de circulación por el Duarte fueron colocados pesados muros a todo lo largo del puente.

Cuando lo vi, de inmediato supe que algo no andaba bien; calculé que cada muro pesaba casi igual que un carro y a diferencia de estos, los muros estaban fijos sobre el puente.

Esto me hizo creer que era un error evitar el paso de los autos, dejando sobre el puente los muros. Resultado: alguien pensó igual que yo y pudo comentarlo en la televisión. Al hacer el señalamiento, parece ser que logró que retiraran los muros. No obstante, ya había pasado un año de su colocación.

La visión hace que nuestro pensamiento sea ampliado, que nuestros propósitos tengan un mayor alcance, que veamos más allá de lo que podemos ver de manera natural.

Cuando vayas a confiar tu negocio a alguna persona, busca que tenga visión de futuro, que tenga lo que yo llamo un pensamiento ampliado, de tal forma que pueda ver más allá de lo que incluso tú puedes ver.

Hay quienes con sólo entrar a tu negocio ofrecen ideas que aportan elementos nuevos, y muy valiosos. Te sugiero que, si quieres ser una persona que agregue valor, busques desarrollar tu pensamiento, y si entiendes que no tienes una gran visión, busques un equipo de trabajo que la tenga, para que de esta forma puedas agregar valor a las cosas que otros te confían.

REGLA Nº 6 - Sentido de pertinencia

Tenía un perro dóberman. Se llamaba Varón; era un perro encantador aunque un poco loco. Fue el mejor guardián que haya podido conocer. Todos los días, en la madrugada, se ubicaba en la puerta principal de la casa, y recostaba su cuerpo vigilante al suelo.

Aunque podía dormir bajo techo, él prefería tirarse en el frío suelo de una puerta descubierta, con el sólo objetivo de cuidar su territorio. Lo que he podido aprender de este perro, como de muchos otros animales, es que toman posesión del lugar, se sienten dueños y saben que tienen que cuidar hasta el último centímetro de ese espacio.

Las personas que agregan valor, tienen sentido de pertenencia; no importa si ellos son los dueños o no de las cosas; ellos las cuidan como si fueran propias, o más aún. Son capaces de reclamar hasta el último centavo con la finalidad de dar la mejor de las cuentas sobre los bienes confiados.

Recuerdo que en una ocasión, el tesorero de nuestra iglesia, mi amigo Zaqueo Stutler, estaba dando un informe a la junta administrativa. Por alguna razón, los números no cuadraban como él quería, porque faltaba exactamente un centavo. Este hombre se puso rojo, no encontraba la manera de explicarlo, y pidió una gran disculpa porque no podía dar información de dónde se encontraba ese centavo. Increíble, ¿no? ¡Sólo era un centavo!

A esto yo llamo sentido de pertenencia. Dar cuenta de las cosas como si fueran suyas, cuidándolas y protegiéndolas. Esto debe ser parte de su naturaleza, esto no debe depender de cuánto tú ganes en la empresa, de cuál sea tu posición, de si te promueven o no. Esto debe depender de tu carácter, de tu relación contigo mismo; no debes permitirte el lujo de no cuidar las cosas que depositan en tus manos.

Tengo un mentor, José Zapata; es mi amigo y es una persona a quien valoro y respeto. Es Vice-Presidente Sénior de una de las Administradoras de Riesgos de Salud más prestigiosas de nuestro país. Confieso que cuando me toca hacer alguna negociación con él, se me ponen los pelos de punta.

Él realmente defiende su empresa a morir; pelea cada centavo, discute cada punto y siempre busca el beneficio de la compañía; créeme que él es un empleado, pero actúa como un dueño, ratificando el sentido de pertenencia. Él se cree y se comporta como el dueño, no como un empleado. Esto le ha dado un rotundo éxito, siendo parte importante de un equipo de trabajo que hizo que, en menos de dos años, una compañía que estaba a punto de la quiebra, se convirtiera en la primera administradora de riesgos de salud de nuestro país. Un hombre con visión y capacidad de trabajo puede agregar valor a cualquier cosa.

Cinco cosas a las cuales debemos agregar valor

1.- Agrega valor a tu vida

Si tu vida transcurre en una constante monotonía, si te quejas de que no tienes oportunidad y haces de tu vida un «muro de lamentaciones», debo decirte que el fracaso viene en camino. En lugar de autocompadecerte, agrega valor a tu vida cada día. Establece un nuevo reto para el futuro, piensa en planes que te sumen motivación.

Recuerdo cuando empecé mi relación amorosa con mi esposa Evelyn. Creo que si sumáramos los minutos que durábamos hablando promediarían unas siete horas por día. Es increíble la motivación que tiene una pareja de novios cuando habla abundantemente.

Es ese tipo de pasión la que encontramos cuando emprendemos un nuevo proyecto, cuando buscamos algo que agregue valor a nuestra vida todos los días. Estamos ansiosos por ver el amanecer para emprender de nuevo la carrera e ir en busca de aquello que nos motiva a seguir adelante todos los días.

Busca la manera de agregar valor a tus días; tu vida es cuestión de sumas y restas; si no estás agregando valor a tu vida, entonces estás restándole valor, porque no hay punto neutro en este asunto.

2.- Agrega valor a tu familia

Mi amigo Carlos Dayeh me hizo una historia de un joven que escalando un monte se cayó en un lugar donde no podía recuperar su equipaje, lo único que le quedó fue su teléfono celular. La situación se puso compleja cuando descubrió que sólo le quedaban cinco minutos de oxígeno. Como experto escalador sabía que en los próximos cinco minutos iba a morir. También sabía que el sitio de rescate más cercano estaba a media hora. Entonces tenía sólo cinco minutos para comunicarse con las personas a quienes apreciaba para intentar despedirse de ellas. El gran dilema era a quién llamar. Te pregunto, ¿a quién llamarías en este caso?

Posiblemente llamarías a tu esposa, a tu madre o a tus hijos. Una sencilla pregunta más: ¿Tú estás agregando valor a estas personas, o caminas indiferente por el mundo sin importar lo que realmente pasa con ellas?

Todos los días me corresponde recoger a mis hijas en el colegio. Cuando Melody, mi hija mayor, entra al carro, hay una pregunta que siempre le hago: ¿Qué aprendiste hoy? Con esta pregunta busco que ella adquiera el hábito de aprender diariamente algo nuevo, que sume valor a su vida todos los días. Siempre me integro a la labor de agregar algún tipo de valor a la vida de mi familia.

Quiero motivarte a agregar valor a tu pareja. Es tu compañera; hazla sentir mejor persona, mejor ser humano, con el desprendimiento sincero de tus mimos, porque luego de valorarla íntimamente, le habrás agregado valor, y así ella estará agradecida de la persona en que se ha convertido a tu lado.

Es lamentable, pero puedo decir que uno de los mayores problemas que enfrentan los matrimonios hoy día es el hecho de que uno de los dos denigra constantemente al otro. Le resta valor y se lo dice con mucha frecuencia, hasta que un día el matrimonio colapsa porque una de las partes se siente como un parásito al lado de la otra. Es nuestro deber convertir a nuestras parejas en mejores personas, alentarlas a seguir adelante, a superarse, a ser mejores, marca cuán humanos somos. Debemos esforzarnos para que ellas se conviertan en las personas que desean ser, no en las personas que nosotros deseamos que ellas sean.

Me gusta la escena de la película de Jack Nicholson y Helen Hunt, «Mejor Imposible». Él es un hombre petulante, odioso y muy supersticioso; ella, una persona normal. Luego de herirla varias veces, ella le exige que le dé un cumplido. Después de pensarlo mucho, él le dice: *«Soy mejor persona a tu lado».* (Brooks, 1997) ¿Podría tu esposo o esposa decir esto de ti? No me digas que tú eres una persona que denigra a tu pareja con constante críticas. Ciertamente debemos revisarnos, debemos estar pendientes de que nuestros seres queridos necesitan ser valorados.

Ricardo Arjona dice: *«No te enamoraste de mí, sino de ti cuando estás conmigo.»* (Arjona, 2000) Esta frase parece un poco arrogante, sin embargo, es el esfuerzo que debemos hacer los esposos, con nuestras esposas, y viceversa, para agregar valor a las personas que tenemos al lado.

3.- Agrega valor a tus compañeros y subordinados

No quiero pasar por alto a las personas que trabajan para ti.

¿Has observado si ellos son mejores seres humanos después de conocerte? ¿Estás seguro de que ellos agradecen a Dios el haberte puesto en su camino? ¿Les has sumado o les has restado valor luego de estar en tus manos?

Se dice que Napoleón solía visitar los batallones para hablar directamente con los soldados, preguntarles si todo estaba bien y si tenían lo que necesitaban. Lamentablemente, éste es un ejemplo que no es muy frecuente hoy día. Muchos dirigentes no conocen ni se preocupan por las personas que trabajan para ellos. Las personas desean y necesitan que las conozcan, quieren ser reconocidas por los dirigentes de la empresa.

Recuerdo cuando empecé mi carrera como vendedor en La Nacional de Seguros. El Vicepresidente Ejecutivo, mi amigo J. Felipe Mendoza, solía conocer a todos los vendedores de la compañía, sobre todo a los buenos. Siempre que me veía en los pasillos, me saludaba con agrado, y me llamaba por mi nombre. Sentí que él me conocía y esto agregó valor a mi vida. No entiendo cómo los dirigentes de las empresas que demandan compromisos de sus colaboradores, no agregan valor a sus vidas, no se preocupan por ellos ni por sus necesidades.

Mi experiencia con la dirección de personal es que cuando te preocupas por las personas que te rodean, no tienes que exigirles que ellos se preocupen por sus tareas; ellos lo hacen por el alto grado de compromiso que tienen contigo.

Siempre he dicho que lo más fácil es despedir a una persona, lo más difícil es trabajar con ella hasta que se convierta en un empleado de alto rendimiento. Despedir siempre es más fácil que agregar valor. Te invito a que sumes valor a las personas que se dignan trabajar a tu lado.

4.- Agrega valor a tu puesto de trabajo

Me gusta ir a una gasolinera que queda a unos mil metros de mi casa. Cuando estoy allí contemplo un guardián que dice estar orgulloso de lo que hace todos los días.

Su uniforme se ve impecable, usa varias armas, además de la de reglamento: porta un cuchillo de combate, también tiene un silbato, y en su uniforme, varias insignias y condecoraciones. Sin duda que estamos frente a un «Rambo urbano».

Este señor está muy atento a todo lo que pasa en la gasolinera, y ayuda en la medida de sus posibilidades. Se percibe que él está orgulloso de su trabajo, y que agrega valor a su posición de tal forma que parece estar por encima de ella. Se me ocurre que si yo fuera a tener un encargado de seguridad en mi empresa, sin duda buscaría a ese señor.

Digo esto porque es «el pan nuestro de cada día» que los empleados se sientan inconformes con la posición que ocupan en la empresa.

El gran reto es que tú puedas enriquecer tu puesto de trabajo, que puedas agregar algún tipo de valor a la posición, y que hagas un uso tan correcto de la misma que con el tiempo se note que estás por encima de la posición.

Agrega valor a pesar de tu sueldo

Muchas personas no hacen las cosas bien porque no les pagan lo suficiente o porque no los toman en cuenta. Mi consejo personal es que no hagas las cosas bien porque te paguen o no; hacer las cosas bien debe ser una característica personal; dar lo mejor de nosotros debe ser parte de nuestro estilo de vida, debe convertirse en nuestra naturaleza.

Nuestro sueldo es el resultado directo de nuestro esfuerzo; hay quienes no lo valoran, pero debo decirte que si tu jefe no te valora, alguien lo hará en el momento que tú menos lo esperes. Puede ser un cliente, un amigo, un compañero de trabajo, o cualquier otro quien te recomiende, porque han visto en ti una persona que agregas valor a la posición.

5.- Agrega valor superando tu posición actual

La película «The Gladiator» es una joya de la cinematografía contemporánea. Lo que me gusta es ver cómo un hombre que es general se convierte en un esclavo que llega a gladiador y demuestra con su espada que el título de general no se lo regalaron, que no fue una casualidad, sino que fue algo que ganó con cada gota de sudor y de sangre. (Scott, 2000)

Muchas personas pasan por una posición, luego son promovidas, pero si en algún momento les tocara volver a ocupar esa posición, o colaborar en ella, pondrían en evidencia que no aprovecharon al máximo el tiempo cuando estuvieron en ellas. No le huyas a tu posición actual, domínala al máximo, estudia sobre ella, conviértete en un experto en el ramo.

Procura llevar al máximo los conocimientos que estás adquiriendo en la posición actual, para que le puedas agregar valor a la posición, y para que si te tocara volver a ejercerla, aunque sea ocasionalmente, demuestres que tienes un grado superior, no porque te lo dieron, sino porque te lo ganaste paso a paso.

6.- Agrega valor a tus pertinencias

El estilo de vida acelerado y consumista de los seres humanos nos lleva a creer que las cosas que caen en nuestras manos tienen necesariamente que desaparecer o ser sustituidas en el menor tiempo posible. Hay una corriente que nos enseña a destruir: nos motiva a cambiar rápidamente el auto, los muebles, incluso la casa. Sin embargo, desde mi óptica no hay nada más hermoso que tu poder conservar lo que tienes y agregarles valor a esas pertenencias.

Hay muchas personas que son aficionadas a las antigüedades,

pero conservar un bien para que dure siglos requiere un enorme cuidado y atención. Para nuestras futuras generaciones conservar algo de sus ancestros será algo emocionante. Esto sólo se logra mediante el cuidado, y sumándole valor a las cosas. Cuida tus bienes, límpialos, súmales valor y no permitas que los mismos se deterioren en tu poder.

Confieso que cuidar las cosas no es mi mayor virtud; de hecho, mis amigos me dicen «Comecarros», porque tengo la capacidad de destruir con mucha facilidad cualquier tipo de vehículo que pudieran confiarme. En este proceso, he podido aprender que siempre sale más caro reparar que mantener. Cuando me he descuidado con mi vehículo he pagado las consecuencias y, créeme, a muy alto costo. Esto me ha llevado a cultivar el hábito de cuidar no sólo mi vehículo, sino todo lo que cae en mis manos.

Un hombre que agrega valor hace la diferencia

En nuestro país, el suministro adecuado de la luz eléctrica ha sido un problema que nos ha afectado por más de 50 años. Posiblemente esto para ti resulte extraño, pero ha habido momentos en los cuales la energía sólo duraba 4 horas en un día completo. Gracias a Dios, las cosas han mejorado en los últimos diez años.

Mi padre me contó que dirigiendo un Distrito Escolar confrontó un gran problema en las clases nocturnas. Los profesores, tan pronto se iba la luz, recogían sus pertenencias y se marchaban a sus casas, lo que implicaba que los estudiantes no tuvieran más clases esa noche.

Tomando en cuenta que esto ocurría tres o cuatro veces a la semana, el resultado final era que los estudiantes sólo estaban recibiendo uno o dos días de clase a la semana. Podrás imaginarte lo que esto significa.

Mi padre convocó a los directores de escuelas a una reunión.

Casi al momento de empezar la reunión la energía eléctrica se interrumpió. Los directores y los profesores empezaron a prepararse para irse a sus casas pero, para su sorpresa, mi padre se quedó como si no hubiese pasado nada, y sacó de su bolsillo una caja de fósforos y una vela, la cual encendió de inmediato, y continuó su reunión.

La instrucción fue clara: si todos los estudiantes traen una vela, entonces tendremos luz. Hubo quienes resintieron la conducta de mi padre, pero algunos tomaron el mensaje.

Esta iniciativa de las velas luego se transformó en lámparas de gas, en donde cada curso cooperaba para comprar varias lámparas, y ya la falta de energía eléctrica dejó de constituir un impedimento para la docencia.

El resultado final fue que las escuelas empezaron a realizar actividades y compraron sus plantas eléctricas, las cuales daban luz al plantel completo, y entonces desapareció el problema de los apagones. Hoy los estudiantes no saben de dónde provino la iniciativa, simplemente se gradúan del bachillerato y se les da una oportunidad de llegar a la universidad o seguir adelante como buenos técnicos, gracias a la actitud de alguien de agregar valor.

LA LEY DEL
AHORRO

El carácter de un hombre puede revelarse en la manera en que usa el dinero. Si tú no puedes tener control de tu dinero, no podrás tener control de tu vida, pues el dinero pone de manifiesto nuestro sentido de vanidad, de gula, de ambición. Todo lo malo que puede tener un ser humano se pone de manifiesto cuando tiene dinero para complacer sus deseos personales.

Si conoces a un hombre capaz de ahorrar, entonces conoces a una persona de carácter, que puede dominar sus propios impulsos y sobreponerse a ellos, con la finalidad de no tocar sus ahorros.

En una sociedad de consumo como la nuestra no es fácil entender cómo el ahorro es la clave fundamental para el desarrollo y crecimiento de los países y las personas.

Hay quienes creen que el crecimiento de Japón y de China son producto de la mente superior de los orientales, o de la extrema disciplina en el trabajo. Sin embargo, el ahorro ha sido una de las claves fundamentales para que estos países se conviertan en potencias económicas mundiales.

Quiero compartir con ustedes fragmentos de dos artículos que hablan de cómo estos dos importantes países orientales han crecido económicamente mediante el ahorro:

«Pero en las actuales circunstancias, los países superavitarios como China vuelcan sus ahorros al mercado financiero mundial, permiten aumentar el crédito y bajan las tasas de interés en todo el mundo. En circunstancias normales, más ahorro significa más inversión y más crecimiento global. La lógica keynesiana es la antítesis del sentido común y de cómo funcionan las economías en circunstancias normales. La economía mundial se encuentra en un período excepcional de crecimiento gracias a los países que ahorran mucho, no a los que consumen mucho.» (Teijeiro, 2006)

Estos artículos nos sugieren que los países que ahorran ayudan al equilibrio mundial y como los países son compuestos por las personas, podemos traducir que los hombres que ahorran en algún sentido están ayudando a los hombres que no ahorran.

Mi profesor de Finanzas de la Universidad de Québec, Serulla, afirma que una de las razones más importantes en el crecimiento económico del Japón obedece a la cantidad de recursos disponibles que había acumulado este país en sus bancos. Este excesivo ahorro hizo que la tasa de interés del Japón estuviera muy por debajo de las tasas de interés de los demás países y muchos proyectos, que en otros países nunca serían rentables, en el Japón lo eran. Esto se traduce en que el tiempo que se le podía dar a un proyecto en Japón era superior al que podía dársele en la mayoría de países del mundo, lo que permitía a los dueños del proyecto poder trabajar con menos tensión, y que a su vez sugiere una mayor posibilidad de éxito y estándares de calidad que superaron el promedio mundial.

Lamentablemente, nuestra cultura consumista nos hace entender que las personas avanzan consumiendo.

Tres formas de enriquecerte

Hay tres cosas que pueden hacer que un ser humano pueda llegar a un nivel financiero óptimo de forma honesta: el azar, las herencias y el ahorro, como resultado del trabajo.

El azar puede hacer que tú llegues a millonario en un solo día; sin embargo, antes de que esto ocurra tú podrías quedar en la ruina. He visto muchas personas cuya única esperanza está cifrada en el azar: juegan todos los días, y sus ingresos son destinados cada día al intento de hacerse ricas mediante el juego de cualquier cosa. Juegan a las carreras de caballo, loterías, baseball, y todo aquello que se pueda jugar.

Creo que, ciertamente, el azar es una forma aparentemente fácil de enriquecerse; sin embargo, por cada persona que se enriquece con el juego, hay miles que empobrecen cada día más, por lo que el juego, lejos de ser la forma más fácil para hacer mucho dinero, es la forma estadísticamente menos confiable para que una persona pueda lograr su libertad financiera.

La herencia es otro medio para lograr nuestra libertad financiera. Lamentablemente, no todos pueden gozar de este gran beneficio y, por otro lado, cuando tú puedes hacer uso de una herencia, normalmente has consumido gran porcentaje de tu vida, con la excepción de algunos afortunados a quienes la dicha los ha premiado con buenas herencias a temprana edad.

Si tú eres uno de estos afortunados, te recomiendo que no desprecies esta bendición; pero además te sugiero que, en la medida de tus posibilidades, hagas un esfuerzo personal para ahorrar. Hay muchas personas que disfrutan de una vida de opulencia pero, cuando el destino los sorprende con una mala jugada, se encuentran desprovistos de cualquier tipo de ahorro y su dicha desaparece en un abrir y cerrar de ojos, por no cumplir con la Ley del Ahorro.

Hay muchas familias, cuyos padres se han esforzado en levantarlas y en dejarles una herencia importante; sin embargo, quizás le han dado todo menos el hábito de ahorrar y, cuando estos progenitores desaparecen, lamentablemente sus fortunas son dilapidadas y se esfuman en meses lo que costó años de sacrificio.

El ahorro es la tercera forma de lograr una independencia financiera. Esta es la única que depende directamente de ti. Nadie puede impedírtelo ni nadie lo hará por ti. Es el único medio que te puede garantizar un crecimiento económico real y una puerta hacia la libertad financiera. El ahorro es el paso más responsable que tú puedes dar a fin de planificar tu futuro económico y tu capacidad para dar solución a los imprevistos.

El trabajar mucho no lo es todo

Hay quienes trabajan día y noche, sin embargo sus vidas no avanzan económicamente porque, aunque trabajan mucho, nunca han creado el hábito del ahorro. Por ello, no importa cuánto trabajes, siempre tendrás necesidades económicas importantes, porque la clave no está en lo que tú ganas, sino en lo que tú gastas. Hay una razón natural que impulsa a tus gastos a ser mayores que tus ingresos; por ello, es imperante tener disciplina y fuerza de voluntad para nadar en contra de esta fuerte corriente de gastos que nos empuja cada día.

Esta fuerza del gasto hace que una pareja promedio de Norteamérica tenga deudas que sobrepasan los 100.000 dólares en sus primeros años de casados.

Cuidado con la ambición y la inversión

La Biblia dice en el libro de los Proverbios: *Con sabiduría se edifica una casa y con prudencia se afianza.* (Proverbios 24:3 LBLA)

Muchos de los problemas de las personas resultan de la

ambición y la inversión imprudente. Ahorrar no es sólo tener ahorros, es también mantener la disciplina. Los ahorros no son para arriesgarlos, todo lo contrario, usted debe guardarlos en los lugares más seguros posibles.

Una cosa es el ahorro y otra muy distinta, el capital de trabajo o la inversión. Imagínate que tú compras una casa en la montaña. Cuando la compres lo harás por el nivel de satisfacción que te produce, no por la cantidad de dinero que te vas a ganar con ella, aunque sí es importante la calidad de la inversión. Pero en realidad, la inversión no es lo que te mueve, lo que realmente te mueve es imaginarte descansando en tu casa de campo y el poder disfrutar del aire fresco. Esto mismo ocurre con los ahorros, donde la prioridad no debe ser que ganen buenos intereses; esto es para otro tipo de inversión. Cuando se trata de ahorros, la prioridad debe ser que tú puedas pasar 20 años con ellos en el mismo lugar y que siempre estén disponibles.

El problema está en que muchas personas juegan con sus ahorros y los cambian de un lugar a otro en busca de mayores ganancias. Esto significa un gran riesgo, porque sus ahorros se convierten en capital de trabajo y esta no es la intención primordial. Es más importante que sus ahorros estén en lugar seguro, pero mucha gente hace lo contrario, pues tienen el punto de vista de buscar dinero extra más que seguridad, y caen en el error de colocarlos en lugares que les ofrecen tasas de interés muy atractivas.

Entonces sucede que tiempo después descubren que tal o cual banco se fue a la quiebra y quienes tenían su dinero en él lo pierden o, por lo menos, les hacen esperar un gran tiempo y vivir muchas angustias antes de recuperarlo.

Otra tentación es la de invertir en un negocio. Lo cierto es que el ahorro, en esencia, es la madre de los negocios. Sin embargo, cuando tú tomas todos tus ahorros y los inviertes en un negocio, no importa qué tan rentable este pudiera ser, incurres en una imprudencia y en este tipo de imprudencia muchas personas han perdido los ahorros de toda una vida, debido a la ambición.

Un amigo me dijo hace un tiempo que la mejor forma de invertir es: 33% en negocio, 33% en bienes inmuebles y el otro 34% en ahorros. De esta forma es imposible irse a la quiebra, pues siempre habrá una parte de tu dinero libre de riesgo, porque cada porción del capital está en un lugar diferente y con condiciones diferentes.

Seis beneficios del ahorro

BENEFICIO № 1 - Produce seguridad

Cuando tienes buenos ahorros, tu vida económica se hace más segura. Esto hace que no sientas tanto miedo de perder un empleo. Te sientes más capaz para enfrentar los retos que te puede traer la vida y, de hecho, esto te produce un nivel de satisfacción personal mayor. El tener buenos ahorros, te dice a ti mismo que has logrado algo que te propusiste, lo cual es, sin dudas, una victoria personal.

En una ocasión mi falta de ahorros me hizo pasar por un momento de inseguridad personal terrible ya que una de mis hijas se enfermó y yo no tenía ni un centavo ahorrado. Aunque tenía seguro médico, es sabido por todos que en los seguros médicos hay que pagar una diferencia, pero personalmente sabía que no tenía ni para cubrir la misma. Esto produjo en mí una sensación de inseguridad enorme; es como sentirse sin camisa. Le pedí a mi Señor que me ayudara; Él siempre lo hace, pero de paso aprovechó la oportunidad para recordarme que Él siempre me había provisto pero yo nunca había tenido la sabiduría para ahorrar algo de las tantas provisiones que me había dado.

Esta experiencia me hizo adquirir el hábito de tomar el diez por ciento de mis ingresos y ahorrarlos. Busqué la manera de que estos ahorros no fueran tocados bajo ninguna circunstancia; sin embargo, descubrí en el proceso que se necesita mucha fuerza de voluntad para lograrlo; es un hábito que cuesta más esfuerzo construir que cualquier otro, pues frente a él se manifiestan todos nuestros deseos y necesidades.

Lo ideal es que, en caso de un imprevisto, una persona pueda sostenerse con sus ahorros por lo menos por un año. Tu nivel de seguridad se mide por la cantidad de tiempo que tú puedes estar sin trabajar, dependiendo exclusivamente de tus ahorros. En la medida en que esto es mayor o menor, tú puedes sentirte más o menos seguro. Te aconsejo que empieces a pensar en esto. No lo hagas sólo por ti, hazlo también por tus hijos, quienes pueden verse afectados por tu falta de previsión.

Cuando una persona no tiene dinero ahorrado, lamentablemente ha vendido parte de su libertad. Si tú eres sorprendido con un despido y no tienes ahorros significativos, el panorama es muy negro. Si te quedas sin ingresos y tienes compromisos fijos como es el caso de la mayoría de las personas, los ahorros serán el medio para sustentarte temporalmente.

BENEFICIO Nº 2 - El ahorro nos da poder de negociación

Esta situación de inseguridad te puede llevar a tener que negociar con tus principios y con tus valores, pues aunque seas una persona íntegra, cuando piensas en lo que ocurriría con tu familia si no tienes trabajo, la situación te hace hacer sumiso ante ciertas actitudes y reacciones de tus superiores. Lamentablemente, tu poder de negociación es muy bajo cuando tus ahorros son pobres o escasos.

La seguridad también se pone de manifiesto en el caso de los ahorros, al momento de negociar un empleo. Cuando no tienes buenos ahorros, tu nivel de negociación es escaso ya que estarás dispuesto a aceptar cualquier tipo de empleo, y cualquier salario, debido a que tu necesidad se sobrepone a tu capacidad.

Yo personalmente he entrevistado a personas que dicen: «Yo sé que soy un profesional y que ganaba tanto dinero, pero ahora estoy dispuesto a aceptar un sueldo más bajo», en vista de que tienen urgencia de ganar dinero para llevar el pan a la casa y pagar sus cuentas.

BENEFICIO Nº 3 - Produce los cimientos para todo proyecto

Cuando yo tenía 23 años, mi amigo Manuel Antonio Jiménez y yo iniciamos un negocio. Él me dio la oportunidad de ser socio en un 50% de un negocio que surgió prácticamente de la nada y que nos dejó un buen dinero. En lo personal, agradezco esa oportunidad en vista de que no tenía ni un centavo ahorrado; mi amigo era el dueño del capital. Contaba con parte de las ideas y con la capacidad de trabajo. Sin embargo, no es eso lo que ocurre en la vida actual. Si tú no tienes por lo menos algo de capital, lamentablemente puedes perder la oportunidad de participar en el negocio de tu vida.

A las personas no les gusta invertir en proyectos en los cuales el que da la idea principal no tenga las condiciones mínimas para el despegue. De hecho, tú necesitas dinero para elaborar el proyecto; luego, para la terminación del mismo, en el sentido de cómo se va a presentar y, por último, para venderlo. A los inversionistas les gusta que quien le venda un proyecto sea una persona que proyecte confianza, y créame que cuesta mucho proyectar confianza cuando tú andas mal presentado.

Citando de nuevo el libro de Jack Trout y Al Ries, hay una ley de marketing que se llama la Ley de los Recursos y dice lo siguiente: «Si usted no tiene los recursos para echar adelante una idea, esta fracasará o será copiada por la competencia». (Trout, y otros, 2004) Y es precisamente eso lo que nos sugiere la Ley del Ahorro. Si tú no tienes ahorro, no puedes empezar los proyectos y, de hacerlo, tendrás una alta probabilidad de fracasar en vista de que, aunque tengas la mejor de las ideas, requieres recursos para implementarla con éxito. Los aviones consumen un alto porcentaje de su combustible en el despegue; igual ocurre con los carros. Los negocios son semejantes: es al principio donde requieren mayor inversión y donde menos beneficios se perciben.

Es por esto que reiteramos que los ahorros son los que producen los cimientos para todo proyecto financiero, así que si quieres independizarte en lugar de quejarte de la empresa en que laboras, y de tu jefe, empieza a ahorrar y, de repente, tu actitud hacia la empresa será mejor, en vista de que la misma te está ayudando a conformar tu plan personal. Una vez hayas ahorrado lo suficiente, entonces recuerda que no debes invertirlo todo, porque aún el más seguro de los negocios tiene probabilidad de fracasar.

BENEFICIO Nº 4 - Podemos enfrentar los imprevistos

Hay dos tipos de personas: aquellas que siempre tienen la solución económica para sus imprevistos y las que siempre resuelven sus imprevistos con préstamos de amigos o instituciones. Sin embargo, los imprevistos no siempre nos dan la oportunidad de buscar a alguien que nos pueda solucionar el problema. Es por eso que las personas debemos tener ahorros que nos permitan, al menos, iniciar el proceso y que nos den tiempo para buscar cualquier otra fuente de financiamiento.

BENEFICIO Nº 5 - Aumenta nuestros ingresos marginales

La diferencia entre los ricos y los pobres es que los ricos hacen que el dinero trabaje para ellos mientras los pobres trabajan para adquirir dinero. Cuando tú tienes buenos ahorros, podrás obtener beneficios marginales, lo quiere decir que tu dinero estará trabajando para ti y tú ganarás cada cierto tiempo una porción de dinero que físicamente no has trabajado.

Tener esta experiencia es muy agradable. Cuando recibes el primer cheque, sientes todo lo contrario a lo que sientes cuando debes pagar un interés. Pagar un interés nos da una sensación de amargura, de fracaso, de pobreza más; cuando recibes un cheque de intereses de una institución financiera, esto te da una sensación de éxito, te da la confirmación de que tú has triunfado en tu estrategia, de que tu esfuerzo está siendo recompensado. Entonces, puedes salir a las tiendas y comprar lo que deseas con el efectivo, sin que tu conciencia te remuerda como cuando estás usando la tarjeta de crédito.

El libro «El hombre más rico de Babilonia», escrito hace más de 20 años por George S. Clason, nos habla de la habilidad del personaje principal para hacer dinero, la que consistía simplemente en ahorrar el 10% de sus entradas, percibir interés y de nuevo ahorrar este interés, a fin de que algún día, él pudiera percibir más dinero por los intereses que el que recibía en salario por su trabajo directo. Esta debe ser la meta económica de cualquier persona: que lo que tenga ahorrado genere intereses que puedan sostenerla holgadamente. Por eso, un ahorro bien planificado y con disciplina férrea, producirá beneficios económicos marginales.

Ya sabemos que el dinero no debe ser el fin del ser humano; el fin debe ser vivir el propósito que Dios le asignó al enviarle a la tierra. Por eso este libro no trata de cómo hacer riquezas, de llevarte a ser el hombre más rico del mundo, de crear maquinarias para hacer dinero, pero sí hay que destacar con esta ley que tú no puedes perder el foco del dinero, que debes hacer un uso adecuado del mismo porque, de lo contrario, otras áreas de tu vida se verán afectadas.

BENEFICIO Nº 6 - Puede aprovechar las oportunidades

Veo muchas personas que piden préstamos a altas tazas de interés a fin de aprovechar una oportunidad, o un especial que se presenta en los centros comerciales. Definitivamente, las oportunidades sólo son reales para aquellos que tienen buenos ahorros. Si tú no tienes ahorros, y operas en base a préstamos, las oportunidades que podrás aprovechar siempre serán escasas, en vista de que lo que ganas por el bajo precio, lo pierdes en el interés que tienes que pagar por el bien adquirido.

Por ejemplo, si quieres adquirir una casa, la única forma en la cual pagarás el valor real de la casa o menos es si la compras con tus ahorros; de lo contrario, por la casa pagarás un valor de no menos de tres veces su valor original dependiendo de cuánto pagues de inicial. Contrario a esto, tú puedes adquirir una casa hasta un 50% de su valor original cuando la compras con tus ahorros, ya que siempre aparecen reales oportunidades de quienes no pueden pagar las hipotecas, o ventas de propiedades que hace el mismo banco muy por debajo de su valor real. Es por eso que, reitero, cuando tienes ahorros es cuando puedes aprovechar las oportunidades.

Cuidado con las oportunidades a crédito

Mis peores inversiones han estado en supuestas oportunidades. Recuerdo que cuando compré mi primer carro, un Ford Mustang del 1969, ya estábamos en el 1989, lo que quiere decir que el vehículo tenía 20 años de uso.

Lo compré por un valor de RD$10.000,00; sin embargo, yo personalmente no tenía un solo centavo. Lo que hice fue que tomé dos préstamos: uno de RD$2.000,00 en el trabajo y otro de RD$8.000,00 a una entidad financiera, la cual me cobraba un alto interés. Fue la inversión más infantil que he podido hacer en mi vida. Mi sueldo mensual era de unos RD$850,00 pesos; sin embargo, el pagaré mensual era de RD$1.000,00 pesos. Resultado: terminé parando el carro porque no lo podía mantener.

La gran oportunidad del carro, que supuestamente compré en RD$10.000,00 pesos, terminó costándome unos RD$25.000,00 pesos y, al final, tuve que venderlo en RD$8.000,00 y esperar que me lo pagaran en varias cuotas. Pienso que quien realmente tuvo una oportunidad fue Jacqueline, una compañera de la universidad, que encontró un ingenuo a quien venderle a buen precio su vehículo totalmente depreciado y en muy mal estado.

Esta experiencia me hizo entender que en negocios las oportunidades son un atajo muy peligroso de atravesar. Por eso me preocupa mucho cuando veo a algunas personas creyendo aprovechar oportunidades, las cuales son un arma de doble filo para quien no tiene el dinero en las manos.

Lo que vale es el efectivo

Tengo un primo con quien discuto muy a menudo sobre el valor de las cosas. Siempre le digo lo siguiente: «lo que más valor tiene es el dinero líquido», y que «el precio de las cosas está determinado por la necesidad que el vendedor tiene de tener dinero en efectivo».

El efectivo tiene un poder demoledor sobre las cosas. Lo que ocurre es que el efectivo a mano sirve para muchas cosas. De repente, recibes una noticia: tu madre está en graves condiciones, se necesita dinero urgente. «Te aprobamos la beca, sólo necesitas la inscripción», «La casa de la esquina, que tanto te gusta, está en venta y sólo tienes que buscar un inicial para adquirirla». En fin, todas son sorpresas de «oportunidades» que sólo podrías aprovechar con efectivo. Nunca será fácil canjear tus bienes por tus urgencias, lo único que da respuesta a la urgencia es el efectivo y, en su defecto, el crédito.

En conclusión, el poder del efectivo radica en su capacidad para poder pedir buenos precios y beneficiarse de la necesidad del vendedor de tener el efectivo en sus manos. La oportunidad la tiene el que vende, no el que compra; es el que vende el que encuentra a alguien con efectivo para resolverle su problema.

Si tú no tienes esta ventaja, mejor no compres, porque lo que tú compres debes poder venderlo de inmediato y hacerlo dinero con cierto margen de ganancia. Me explico: compra las cosas a un precio que te permita en ese mismo día venderlas ganándole un margen razonable. Cuando tengas una oportunidad frente a ti, primero pregúntate si puedes vender eso con facilidad y a qué precio podrías venderlo. Todo lo que compramos debe poder venderse y el valor material de las cosas se establece en base a la facilidad de deshacerse de ellas sin sacrificar la inversión original.

Cinco razones por las que las personas no ahorran

RAZÓN Nº 1 - Nunca les alcanza lo que ganan

Las personas normalmente se sienten acorraladas por sus deudas, y por ello alegan que no pueden ahorrar porque lo que ganan es muy poco. En mi experiencia personal he visto cómo lo que tú ganas nunca será suficiente a menos que tengas un fuerte hábito de ahorro. He visto cómo personas que ganan muy poco, y tienen un fuerte hábito de ahorro, tienen mejores condiciones de vida que aquellos que ganan mucho y no lo tienen.

En una ocasión, alguien me dijo que quien no ahorra del primer sueldo no ahorrará de ninguno. Y creo que esto tiene mucho de cierto, pues es en este primer sueldo donde tú tienes la oportunidad de adaptar tus ingresos a un presupuesto y dentro de esto establecer una partida para ahorros. Si no se hace en el primer salario por pequeño que este sea, de inmediato aparecerán mil cosas en qué gastar el dinero.

Romper esta mentira es lo que le da sentido a esta ley, la mentira de que tú no ahorras porque no te alcanza. No importa lo que tú ganes, ahorrar debe ser una necesidad tan imperiosa para ti como la de comer.

De hecho, tú puedes sacrificar un poco de lo que se come y ahorrarlo, porque si tú haces esto, estarás en control y podrás gastarlo cuando tengas la necesidad de hacerlo. Sin embargo, si gastas tu dinero en comida, lamentablemente llegará el momento donde no tendrás ni lo uno ni lo otro.

La definición del ahorro es la siguiente: «Es sacrificar el gasto hoy para poder gastar en el momento que sea realmente necesario». Por ello, nunca habrá suficiente dinero para ahorrar, el ahorro es un sacrificio que tú deberás autoimponerte.

Lo más fuerte de esta imposición es que nadie te estará supervisando, tú eres libre. Sacrificarse será algo solamente tuyo. Difícilmente alguien te obligue a ahorrar; es todo lo contrario: las personas son invitadas a no ahorrar, a vivir la vida loca, a darse los gustos hoy, en vista de que pueden morir mañana.

El ahorro es el pago que tú te haces a ti mismo de tu salario. Normalmente las personas pagan el alquiler, pagan al supermercado, la farmacia, la luz, el teléfono, etc. Sin embargo, no se pagan a sí mismas y cuando vienen a pagar al último deudor, lamentablemente no hay nada para ahorrar.

RAZÓN Nº 2 - El gasto los absorbe

Muchas personas no ahorran porque el gasto los absorbe. En realidad no es el gasto lo que los absorbe, sino la ambición, el deseo de tener cosas, el interés en compararse con las demás personas.

El imperante capricho de estar a la moda

Recuerdo que en una ocasión fui a comprar unos zapatos a

una tienda que vende ropa importada a muy buenos precios. La dueña de la tienda me dijo que mis pantalones estaban muy anticuados, que tenían pinzas. Vi en sus ojos el deseo de hacerme sentir mal con lo que yo llevaba puesto con la finalidad de venderme. Para mí fue una mala técnica de venta y muy ofensiva. Lo último que me dijo fue que si yo me ponía los pantalones que ella vendía, me vería muy bien, a lo que le contesté: «Siempre sentiré que me veo bien; la moda no hace ver mejor, posiblemente me haga sentir mejor». La señora hizo silencio y entendió que no era el tipo de comprador que ella estaba acostumbrada a manipular.

Sin embargo, las personas viven de un lugar a otro, cambiando cada temporada sus ropas, sus lentes; lo cambian todo. Hacen viajes en cruceros, viajan a países muy lejanos; en fin, pueden hacer todo esto porque ellos entienden que el medio se lo exige, pero casi siempre todas estas compras están sustentadas por un crédito.

Pepín Corripio, en una de sus conferencias, dijo lo siguiente: «La tendencia natural de todo negocio es la quiebra», sólo la dirección y sus recursos humanos podrán impedir que eso ocurra. De igual manera, la tendencia de todo ser humano es el gasto, sólo su correcta dirección y su capacidad de ahorro lo impedirán.

RAZÓN Nº 3 - No tienen educación de ahorro

Ciertamente, en los hogares tú encontrarás muchas muñecas y pocas alcancías, muchos juguetes de todo tipo, los cuales nos insinúan que gastar es la prioridad del hogar, no ahorrar. Los niños nacen con una tendencia natural al gasto; si llevas a un niño a una tienda te podrás dar cuenta de esto. Siempre que llevo a mis hijas a la tienda hay fricciones, no importa la promesa que ellas hagan en el hogar: «Papi, te prometo que no quiero nada»; no importa, sus ojos brillosos me confiesan que quieren algo.

Es muy difícil educar a nuestros hijos en todos los aspectos que los hacen ser personas de valores, pero cuando se trata de enseñarlos a ahorrar, las cosas se dificultan más todavía. La razón se debe posiblemente a que uno mismo no es un modelo en el ahorrar. Si eres un hombre honesto le puedes enseñar honestidad; si respetas las leyes y a los demás, esto lo puedes enseñar. De hecho, tú puedes ser una persona ejemplar en casi todas las áreas, y no necesitarás mucho esfuerzo para que tus hijos lo aprendan de ti. A la larga, ellos son muy parecidos a lo que tú mismo eres. Pero cuando se trata de ahorros, esto es muy difícil de enseñar porque es una cualidad que la mayoría de las personas no poseen.

Por eso decimos que no hay educación para el ahorro en la mayoría de los hogares del mundo, sobre todo del mundo occidental. A los niños no se les hace conciencia sobre el ahorro y lo que esto significa. Cuando quieren algo, ellos lo piden y si ven que los padres los complacen con mucha facilidad, nunca dejarán de pedir cosas. Esto es común en los hogares donde los padres pretenden sustituir su falta de atención con regalos de la tienda.

Juguetes por tiempo

Es más fácil pararse en una tienda y comprar un juguete o una golosina, que dedicar veinte minutos de tiempo de calidad para el niño. He visto cómo algunos padres salen de compras con sus hijos y usan sus tarjetas de crédito en una forma exagerada para demostrar su afecto, afecto que no le pueden demostrar al hijo con su conducta y con una comunicación adecuada. Es por eso que nuestra sociedad, en lugar de ir avanzando en este sentido, se va deteriorando, y en lugar de tener familias que ahorran y enseñan a ahorrar, tenemos todo lo contrario.

Posiblemente tu hijo haga más con una educación orientada en el ahorro que con su carrera en una universidad de prestigio mundial, como Harvard. Lo que tu hijo necesita saber para ser un hombre o mujer exitoso en el ámbito económico no lo aprenderá sólo en las universidades. De hecho, muchos de los grandes millonarios del mundo nunca pasaron por la universidad y algunos salieron mucho tiempo antes de terminarlas. Estos hombres aprendieron a tiempo a ahorrar y esta cultura del ahorro se les enseñó a temprana edad en sus hogares.

Personalmente, soy un abanderado de los estudios, pero entiendo que cuando una persona termina la universidad, puede tener ahorros que le permitan arrancar cualquier negocio propio, o por lo menos estar en una mejor posición económica para negociar los puestos para los cuales aplica. Mi conclusión, en este sentido, es que el futuro económico de nuestros hijos no dependerá sólo de lo que aprenda en la universidad, sino de cómo los enseñamos a administrar su dinero desde temprana edad.

RAZÓN Nº 4 - Gastan el dinero por adelantado

El crédito, desde mi óptica, es una de las palabras de mayor trascendencia en los últimos 80 años. Para muchos habrá sido el mejor invento, para otros la mayor fuente de riquezas, pero desde mi punto de vista es también la mayor fuente de empobrecimiento.

En un análisis simple de los anuncios de televisión, podrás observar que no menos del 15% de estos comerciales tendrán que ver con compras a crédito, y estoy siendo muy conservador. De igual manera, si tomas la prensa, observarás grandes anuncios que ofertan compras a crédito para que las personas puedan «comprar con facilidad aquello que necesitan, sin que esto afecte sus ingresos notablemente». Eso hace que las personas vean a su alcance las cosas que de otra forma podrían serles muy difíciles de adquirir. Lo cierto es que el crédito hace que las personas gasten su dinero por adelantado y no tengan el control de sus finanzas.

Son miles los empleados que cuando llega su salario a fin de la quincena o semana, ya lo deben por completo, y no precisamente gastándolo en las cosas que son necesarias para vivir, sino en muchas compras superfluas.

Vestido, comida y techo

Jesucristo dijo que una persona debe tener lo básico para vivir: vestido, comida y techo. —*Por eso les digo: No se preocupen por su vida, qué comerán; ni por su cuerpo, con qué se vestirán. La vida tiene más valor que la comida, y el cuerpo más que la ropa. Fíjense en los cuervos: no siembran ni cosechan, ni tienen almacén ni granero; sin embargo, Dios los alimenta. ¡Cuánto más valen ustedes que las aves!* (Lucas 12:22–24 NVI)

La persona promedio podría carecer de estos elementos básicos; sin embargo, cuando tú hagas un inventario de sus casas, observarás que ellos tienen cosas que se salen de este patrón, lo que quiere decir que posiblemente les falte la comida, pero les sobre un televisor, o un radio y miles de cosas más. Entonces, tenemos personas que invierten en comprar un microondas lo que necesitan para comprar lo que debieran cocinar.

Es paradójico pensar que los problemas económicos de las personas no son, en la mayoría de los casos, por comprar las cosas que necesitan, como comida y vestido, sino que vienen como consecuencia de querer adquirir cosas que están por encima de sus necesidades, y por encima de su nivel de vida.

Jesucristo nos dijo que el vestido y el techo eran una necesidad primaria, pero no habló de vestidos de lujo, ni habló de techo propio. Y esas son dos cosas que nos hacen crear una necesidad que no tenemos: tú tienes el derecho de vestir bien, pero poner en juego tu alimentación, los ahorros de la salud, para andar al último grito de la moda; es una forma irresponsable de actuar.

Otra forma de comprometer nuestros ingresos antes de tenerlos, es con el tema de la compra de vivienda. Las estadísticas revelan que una de las mayores razones de quiebra para las familias es invertir en una vivienda antes del tiempo apropiado. Una pareja promedio consume más del 60% de sus ingresos en el pagaré de una hipoteca, lo cual los deja con un 40% para cubrir todo lo otro.

El problema de comprar una casa antes de que tener las condiciones para hacerlo, es que las casas son un pasivo, por los primeros años. Esto quiere decir que la inversiones inmobiliarias no proporcionan ningún ingreso en los primeros años; por el contrario, generan un gran consumo de efectivo. Inmediatamente te mudas a una nueva casa, tendrás que hacer gastos que no estabas acostumbrado a hacer, como son los de impuestos, modificaciones en la casa, inversiones en nuevos muebles, etc. La gente se adelanta a comprar una casa con el supuesto objetivo de ahorrar el alquiler, pero lo que regularmente pasa es que se paga más de renta al banco que lo que tú pagas de alquiler. Por ejemplo, en mi caso personal, yo pagaba RD$6.000,00 de alquiler y pasé a pagar RD$20.000,00 al mes, por la hipoteca. Pero además, tuve que pagar luz, agua, basura, jardinero, mantener dos perros para la seguridad, contratar un servicio extra para la limpieza y, sin darme cuenta y como joven al fin, sin calcular, pasé a pagar unos RD$33.000,00 mensuales. Gracias a Dios, mis ingresos fueron muy buenos en los primeros tres años de tener mi casa; sin embargo, la violación a la Ley del Ahorro me hizo padecer serios aprietos económicos, los cuales casi me empujan a vender la casa que con tanto sacrificio pude adquirir.

Los anteriores párrafos buscan advertirte que comprar una vivienda compromete tus ingresos futuros. Un importante diario de España publicó el siguiente artículo: «En las comunidades que han experimentado un incremento de los precios mayor, el 50 por ciento de la renta bruta anual se dedica a la adquisición de una vivienda. Los españoles necesitan ocho veces su salario anual para comprar una vivienda: En 1998, un español debía destinar cinco veces su salario anual bruto para adquirir una vivienda.»

Otra creencia es que la gente piensa que comprando una casa tiene ahorro, lo cual es una verdad parcial porque normalmente no es tan fácil usar esos ahorros cuando tú los necesitas. En primer lugar, no resulta muy fácil vender una casa; en segundo lugar, las casas no se comen. Lo que quiero decir es que tú puedes vivir en una hermosa mansión pero tener la nevera vacía, los teléfonos cortados y carecer de los servicios básicos, sólo por el hecho de que vives en un techo propio. ¿Esto realmente tiene sentido?

Me parece que en esto de tener la casa propia hay un alto porcentaje de vanidad y de orgullo. Tener una casa propia, puede hacer que tú gastes gran parte de tu dinero por adelantado, lo cual impide no sólo que vivas cómodamente, sino que no puedas ahorrar. Prefiero vivir con ahorros en el banco, mi nevera llena de lo que necesito y mi mente tranquila, que en una casa propia, con deudas por doquier y la nevera vacía.

RAZÓN Nº 5 - Le dan poco valor al dinero

Hace mucho tiempo conocí una persona que me hizo una historia sobre cómo los judíos llevan sus dineros al banco y me dijo lo siguiente: Ellos llegan al banco con $1.000 pesos y se entrevistan con el gerente al punto de que cualquiera pudiera creer que es un millón de pesos lo que llevan. Exigen los mayores intereses para su dinero, y hacen todas las preguntas de lugar, no pensando en la cantidad presente, sino pensando en la cantidad futura.

A las personas les cuesta guardar cien pesos, porque entienden que eso es muy poco dinero; pero lo cierto es que quien no guarda cien pesos, nunca podrá ahorrar mil, y así sucesivamente. La clave está en hacer el hábito de ahorro; no importa la cantidad, lo importante es la frecuencia.

Pepín Corripio, en una conferencia, nos dijo lo siguiente: «Siempre que veo un error lo corrijo, lo mismo si es un dólar como si es un millón; lo que importa no es el tamaño del error, sino la frecuencia del mismo. Por ejemplo: si usted repite un error de un dólar multiplicado por miles de veces serán miles de dólares, y millones con el tiempo.»

En nuestro país hay un refrán que dice lo siguiente: «Debemos cuidar los centavos, porque los pesos se cuidan solos». Tú debes cuidar tu dinero con extremo cuando es poco, porque cuando es mucho habrá muchos asesores, financieros, banqueros que te ayudarán a hacer buenas inversiones.

Cuatro técnicas para ahorrar

1.- Haz un presupuesto

Hacer un presupuesto, hacer dietas, hacer ejercicios, son frases muy parecidas. Todas implican una ardua labor, y una odiosa disciplina, pero a la larga tú serás el mayor beneficiario.

El ser humano promedio sólo sabe cuánto gana, pero nunca sabe cuánto gasta, ni en qué lo gasta. Es por eso que en la mayoría de los casos termina teniendo lo que no necesita, y careciendo de lo que más necesita. Esto es por la falta de un presupuesto.

Muy escasamente las personas puedan determinar lo que han gastado aun en comida, que es lo más elemental, cuánto han gastado en intereses bancarios o cuánto han consumido con sus tarjetas de crédito. De hecho, una costumbre en muchos usuarios es botar los recibos de las tarjetas y olvidar los estados.

Un presupuesto implica que tú te anticipas tanto a lo que vas a ingresar como a lo que vas a gastar; es lo contrario a gastar tu dinero por adelantado, sin hacer ningún tipo de cálculo. Con el presupuesto, lo primero que tú determinas es cuánto vas a ingresar a tu caja por las distintas vías, luego lo sumas y esto te da el total de ingresos a percibir. Luego, empiezas a hacer el presupuesto de gastos. Asignas a cada área la cantidad que deseas gastar, incluyendo lo que vas a ahorrar. Posiblemente, el dinero no te alcance; es hora de hacer algunos ajustes.

Lo bueno de hacer un presupuesto no es sólo que tú tienes un control de tus gastos por adelantado, sino también que al momento de consumir, lo haces con un mayor nivel de satisfacción porque sabes que estás consumiendo lo que puedes consumir; no te remuerde la conciencia por saber que estás gastando un dinero que es de otra cosa. Te garantizo que si haces un presupuesto, serás una persona más plena y más feliz.

2.- Reduce tus gastos y ahorra la diferencia

Mi amigo Dove Zipper, me dijo en una ocasión: «Lo importante no es ganar mucho, es gastar poco». Yo pienso que ambas cosas lo son, pero si vamos a asignar prioridad, entiendo que la base del ahorro empieza por controlar el gasto.

Imagínate que pierdes tu trabajo hoy. ¿Cuáles cosas dejarías de comprar? ¿Cuáles gastos fijos eliminaría? ¿Cuáles cosas venderías? Esas son las preguntas que debes hacerte cada cierto tiempo y, de todo aquello de lo que puedas prescindir, hazlo lo más rápido que puedas y ahorra ese dinero, no te arrepentirás. De igual manera, imagínate que pierdes tu trabajo, ¿cuánto tiempo podrías mantenerte con lo que tienes en el banco, en caso de que no consiguieras trabajo nuevamente por los próximos meses?

Si quieres ahorrar, tienes que aprender a identificar las cosas sin las cuales puedes sobrevivir. En este momento, he descubierto que puedo sobrevivir con un solo par de zapatos. No es lo que más me gusta, no es lo que realmente deseo, pero he aprendido que puedo lograrlo. He aprendido que puedo sobrevivir controlando el enorme gasto en alimentos, que no necesito salir todos los fines de semana, que puedo pasarme unas vacaciones enteras de mis hijos, sin ir a un resort, y que para ser feliz, no debo crearme dependencias de cosas que realmente no son necesarias.

El apóstol Pablo en su Epístola a los Filipenses escribió la siguiente frase: *Sé lo que es vivir en la pobreza, y lo que es vivir en la abundancia. He aprendido a vivir en todas y cada una de las circunstancias, tanto a quedar saciado como a pasar hambre, a tener de sobra como a sufrir escasez.* (Filipenses 4:12 NVI)

Realmente, la clave de la felicidad no está en tener todo lo que necesitas, de ser así muchos millonarios no se suicidarían o morirían solos y llenos de angustias.

En una ocasión, un crucero estaba zozobrando en medio de alta mar. Una señora de la alta sociedad corrió hacia su camarote y tiró todas sus prendas, abrió las gavetas y, dejando en medio todo lo que tenía valor en dinero, tomó un par de naranjas y se dirigió a su barco salvavidas. En este momento, ella descubrió lo que realmente era necesario para la vida. Aprender a distinguir lo que realmente es necesario de lo que no lo es, es el primer paso para reducir el gasto superfluo, porque hasta tanto no haces conciencia de lo que no necesitas, no podrás evitar llenarte de ellas.

Cuando el pueblo de Israel estaba en el desierto, tuvo un momento de gran escasez de comida; ellos clamaron a Dios por comida y Dios le dio la provisión del maná, pero Dios les dio una instrucción: No pueden guardar maná de un día para otro, excepto el viernes, que recogerán la porción del sábado.

Cuando la gente tomaba maná para el otro día, éste se podría en las casas. (Éxodo 16) Si tú te pones a ver detenidamente todo lo que compras en tu casa, te darás cuenta que mucha de esta comida se pudre en las neveras y luego hay que botarla: la razón es que la gente compra más de lo que necesita, y el resto se pierde.

Si tú sumas cada parte que te sobra de todo lo que compras, te darás cuenta que podría significar de un 10 a un 15 por ciento del total de la compra. De hecho, es muy común el concepto de algunos grandes almacenes que te inducen a comprar grandes volúmenes bajo el concepto de que estos te salen más económico al comprarlos en grandes cantidades; sin embargo, lo que te economizas en la compra, lo pierdes en el desperdicio.

La lección del maná nos enseña a comprar las cosas conforme a nuestras necesidades de uso, sobre todo la comida. Recuerdo que mi amigo me contó una anécdota sobre un almuerzo que tuvo con un hindú. Cuando se terminó la comida, mi amigo dejó algo de comida en el plato mientras el hindú, que dejó su plato totalmente limpio, le preguntó a mi amigo por qué él dejaba comida, al tiempo que le comentó que para algunas personas en la India, esto era una señal de irrespeto al resto de la humanidad, la cual podría no haber comido nada. Cuando tú reduces tus gastos, no sólo te estás beneficiando personalmente, sino que estás ayudando a otros de forma indirecta.

Nuestro mundo de abundancia, la sociedad occidental, desperdicia grandes cantidades de comida. La comida que se desperdicia jamás podrá volver a consumirse, va al zafacón, mientras alguien muere de hambre por no tenerla. Si tú llevas menos comida al plato, significará en algún sentido que pedirás que te sirvan menos, lo que se traduce en ahorro. Imagínate que todas las personas pensáramos igual. Se produciría una sobreabundancia en algunos países, lo que los obligaría a enviar el excedente a otras naciones, posiblemente a menor precio.

En lo personal, trato de ahorrar en todo, hasta en el agua que consumo. Le digo a mis hijas que sólo abran la llave un cuarto de su caño original; al fin y al cabo produce casi el mismo resultado y se estará economizando un 75% del agua, la cual podrán usar otras personas. El concepto del ahorro se aplica a todas las áreas de nuestra vida y cuando se hace un hábito, siempre habrá mayores recursos para guardar. El punto es gastar menos en todo lo que podamos.

El ahorro sugiere que seamos menos egoístas, y que pensemos en los demás; también nos hará seres humanos más felices y prósperos. Si observas la calidad de vida de las naciones desarrolladas y la comparas con las subdesarrolladas, te darás cuenta de que ellos tienen una mayor conciencia sobre el ahorro y el cuidado de los recursos naturales. Posiblemente se entienda que esto lo hacen porque son desarrolladas; yo pienso que es lo inverso, son desarrolladas porque ahorran y cuidan los recursos comunes. Gasta menos, no te lamentarás.

3.- Compra al contado

Me da mucha pena ver cómo las personas sacan sus tarjetas de crédito y pagan enormes cuentas haciendo gala ante otros de todo lo que pueden comprar. Pero comprar a crédito no resulta una buena idea para algunos millonarios. Por ejemplo, John Templeton vuela en clase general en las aerolíneas comerciales de su país, los Estados Unidos. La vida de Templeton demuestra su proclividad a la prontitud de los pagos. Nunca compró un automóvil por más de US$200 hasta que su patrimonio llegó a un cuarto de millón de dólares. Compró muebles para su casa por valor de US$100. El rendimiento máximo del dinero es un principio que él nunca negoció. Templeton compró sus casas al contado, y en efectivo. Su sabiduría lo impulsó a pagar todo en efectivo y a tiempo, sin nunca pagar intereses.

Otro ejemplo a destacar es el de Warren Buffet, un multimillonario que ha hecho su fortuna en la bolsa de valores. Su hábito principal es comprar al contado. Él compró una casa con un valor de US$32.000 hace 30 años y aún vive en ella. Para él, viajar en aviones privados es muy caro, e injustificable. Eso lo motivó a comprar una compañía de aviación corporativa para transportar ejecutivos que sí les gusta viajar en aviones privados.

¿Cómo ahorro comprando al contado?

a) Me economizo los intereses futuros de las compras a crédito.

b) Aprovecho los descuentos que me dan por pagar en efectivo.

c) Evito comprar cosas que no necesito, porque cuando compro al contado pienso más detenidamente si realmente necesito lo que voy a comprar.

d) Tengo mayor poder de negociación para reducir el precio total de las cosas.

e) Soy un comprador con mayores privilegios que los demás.

f) Evito salirme de mi presupuesto.

4.- Haz que tu dinero gane dinero

Busca la forma de que tu dinero gane dinero; no te presiones mucho en la cantidad de intereses que va a ganar, busca que los mismos estén seguros, porque el ahorro, mientras más ganancia suele tener, mayor es el índice de riesgo, y esto no es una carrera de velocidad, es una carrera de resistencia.

No hagas negocios con tus ahorros, haz negocios con parte de las ganancias de tus ahorros; de esta forma, tus ahorros siempre estarán seguros y tú sólo pondrás en juego la ganancia, no el capital.

Si haces que tu dinero produzca dinero, llegará un momento en el que tus ingresos por asunto de intereses serán mayores que tus ingresos producto de tu trabajo, y esto es un estado en el cual muchas personas desearían estar.

Lograr esto es un triunfo personal, porque tu disciplina y autocontrol han logrado que tu dinero gane más que tu trabajo. Aunque no lo creas, hay muchas personas en el mundo cuyos intereses superan sus ingresos personales, y no necesariamente son millonarios.

Las personas que durante su tránsito en la vida cumplen con la Ley del Ahorro, sin llegar al grado de convertirse en avaros o codiciosos, ayudarán a otras a salir adelante y comúnmente tendrán sus necesidades básicas resueltas, lo que les permitirá tener aun sus imprevistos bajo control.

Hazte un apasionado del ahorro, no violes esta ley en ninguno de sus aspectos y date tiempo, recuerda que esta no es una carrera de velocidad, es una carrera de resistencia. Procura llegar a la tercera edad con ahorros suficientes como para hacer frente a las situaciones que se presenten en estos años y que tus hijos puedan contar con lo básico para seguir adelante. No te conviertas en una carga para nadie. Divide tu ingreso presente en diez partes y ahorra sólo una; tú estás en control ahora, pero el futuro trae sorpresas.

Increíblemente, muchas personas que han estado en la cúspide de la riqueza y la fama, años después viven en la indigencia, por ser violadores de esta ley.

LA LEY DE LOS HECHOS

Posiblemente eran las 10:00 de la mañana, la calle estaba llena de gente, y el Maestro enseñaba a la multitud y a sus discípulos. Un grupo de hombres llega donde Jesús. Eran los discípulos de Juan el Bautista. Ellos traían una pregunta muy directa al Señor:

— *Juan el Bautista nos ha enviado a ti, diciendo: «¿Eres tú el que ha de venir, o esperamos a otro?»* (Lucas 7:20 LBLA)

Esta pregunta, desde mi óptica, es altamente irritante. Jesús, como siempre, confirma Su divinidad con la brillantez de Su respuesta, y contesta de la siguiente forma:

— *«Id y contad a Juan lo que habéis visto y oído: Los ciegos reciben la vista, los cojos andan, los leprosos quedan limpios los sordos oyen, los muertos son resucitados, y a los pobres se les anuncia el evangelio.»* (Lucas 7:22 LBLA)

Estos son hechos, no palabras, no defensa, no argumentos, simple y sencillamente, hechos. Los hechos son objetivamente elocuentes. Jesús no se defendió, mucho menos ofendió; no justificó nada ni dio explicaciones, simplemente levantó su dedo índice y señaló hacia los hechos. El propósito de esta ley es mover a nuestra conciencia la importancia que tiene hacer las cosas y permanecer en ellas.

Existe la tentación de justificarnos cuando las personas nos preguntan por los resultados. También solemos defendernos atacando a otros. Sin embargo, todos los argumentos se hacen más discutibles en contraste con los hechos.

El trabajo trae como resultado hechos, los cuales se convierten en la evidencia de lo que tú eres capaz de hacer. No necesitas que las personas se conviertan en tus defensores, no es necesario que haya muchas cartas de recomendación; los hechos son como un martillo demoledor de argumentos.

Empieza dando el primer paso

El hombre promedio camina 24 millones de pasos, lo que equivale a dar la vuelta al mundo 7 veces. (Editores de Muy Interesante) Sin embargo, a las personas les cuesta caminar un kilómetro por sus propios pies, y cuando tú les refieres el tema, te costará mucho trabajo convencerlos de que te acompañen, porque piensan en función de la distancia, no en función de lo que son capaces de hacer paso a paso.

Empieza haciendo «algo»

Es bueno hacer las cosas correctamente, pero si esperas que todo esté en su lugar antes de empezar, posiblemente estés entrando gratuitamente al club de los que no hacen nada bajo la común excusa de que a ellos les gusta hacer las cosas bien o no hacerlas. Yo tengo un discurso inverso, a mí me gustan las cosas hechas, antes que la nada. Si no están bien hechas, habrá posibilidad de hacerlas de nuevo, pero se habrá aprendido algo en el ejercicio.

La película Forrest Gump es una de las más interesantes

ilustraciones de lo que es la ley de los hechos. Forrest tenía muchas dificultades para comunicarse; él solo actúa y, cuando se propone hacer una cosa, simplemente lo hace. Esto da como resultado que sus hechos lo convierten en una figura extraordinaria, a pesar de sus limitaciones. (Zemeckis, 1994)

Sé brillante; si no puedes, entonces sé

Sé brillante en tanto esté de tu parte, de no poder, sé excelente; si se te hace muy difícil, sé muy bueno; si es imposible, sé bueno; si aún así no lo logras, haz algo, pero nunca seas parte de la nada, porque lo peor es no ser.

El Señor Jesucristo nos deja una parábola de tres hombres a los cuales se les entregó una cantidad de talentos. Resulta que al que sólo se le entregó un talento, lo enterró y no hizo nada, ni siquiera el intento. Sin embargo, al que se le entregaron dos talentos, hizo el intento; no lo hizo tan perfecto como el de los cinco talentos: *«Señor —informó—, usted me encargó dos mil monedas. Mire, he ganado otras dos mil.» Su señor le respondió: «¡Hiciste bien, siervo bueno y fiel! Has sido fiel en lo poco; te pondré a cargo de mucho más. ¡Ven a compartir la felicidad de tu señor!»* (Mateo 25:22–23 NVI)

Observa que él no fue quien mejor lo hizo, pero recibió su recompensa; en cambio, al que no hizo nada, se le reprochó la conducta duramente.

José Ingenieros dice en su obra «El Hombre Mediocre», que la diferencia entre el vuelo y el paso es que el vuelo puede ser modificado, pero el paso una vez dado ya es incorregible. Yo estoy de acuerdo con esta afirmación, en parte, pero pienso que la forma más fácil de aprender a volar, es empezando a caminar.

Párate sobre tus hechos

En una ocasión al evangelista John Wesley se le prohibió predicar en un pueblo de Inglaterra. Este pastor, que era un hombre de hechos, fue al cementerio y subió sobre la tumba de su padre, y desde allí empezó a predicarle a una multitud diciendo: «De aquí nadie puede bajarme, esto me pertenece». (Christian Classics Ethereal Library) Esto es lo que significan los hechos: podemos subirnos en ellos y de allí nadie puede bajarnos, porque los hechos nos pertenecen.

Siempre habrá personas que cuestionen nuestro trabajo, nuestras actitudes, y todo lo que somos. Sin embargo, cuando nos paramos sobre los hechos, no necesitamos muchas palabras.

Cito el caso de un bombero al que le preguntaron: «¿Realmente usted se cree ser un buen bombero?» Y él contestó: «He apagado más de 500 incendios, he salvado más de 40 vidas, he rescatado más de 10 animales heridos, y por más de 20 años he estado presente en esta institución. Si eso es ser un bombero, entonces soy uno; de lo contrario, me fascinaría poder serlo».

Llenando las tinajas vacías

Serían las 9:00 de la noche. Todos estaban disfrutando de la fiesta. Ya se había celebrado la ceremonia de casamiento y todo el pueblo estaba feliz. María, la madre de Jesús, se le acerca y le pide el favor que todos sabemos: «Necesitamos vino». Había allí seis tinajas de piedra, de las que usan los judíos en sus ceremonias de purificación. En cada una cabían unos cien litros. Jesús dijo a los sirvientes: —Llenen de agua las tinajas. Y los sirvientes las llenaron hasta el borde. (Juan 2:7 NVI)

El Señor exige que se ponga en movimiento la Ley de los Hechos: «Traigan las tinajas llenas de agua». Aquellos hombres posiblemente tuvieron que caminar algunos metros para llenar estas vasijas; sin embargo, ellos hicieron su parte: llenaron las vasijas de agua, y el Señor hizo el resto.

Fíjate que el milagro fue convertir el agua de las tinajas en vino, no llenar las tinajas de vino. El Señor tiene poder para hacer el milagro que Él quiera; sin embargo, pienso que Él quería que se pusiera en movimiento la Ley de los Hechos. Y es que los hechos reflejaban la verdadera confianza que ellos tenían en Él.

Lo mismo ocurrió con los panes y los peces. Él hizo la pregunta: *«¿Cuántos panes tienen ustedes?»*. (Marcos 6:38 NVI) Y desde allí Él hace un milagro: multiplicar panes y peces para alimentar con ellos a más de cuatro mil personas.

Siete pasos para lograr hechos

PASO 1 - Concéntrate en hacer, no en prometer

Sir Winston Churchill no le ofreció al pueblo inglés nada; él simplemente dijo las siguientes palabras: «No tengo nada que ofrecer sino sangre, trabajo, sudor y lágrimas». (The Churchill Centre and Museum, 2010)

Los políticos son especialistas en el ramo de las promesas; ellos prometen tantas cosas, que llegan al punto de que su vocabulario se hace en base a promesas. Alguien me dijo una vez: «Nadie quiebra prometiendo, se quiebra dando».

Cuando las personas se enfocan en hacer, son más productivas. Su enfoque está en los hechos. Cuando nos distraemos prometiendo, no siempre calculamos el costo de todas nuestras promesas, lo cual nos puede llevar a convertirnos en personas incumplidoras.

Simplemente lo hizo

Posiblemente era una hora de la madrugada cuando un hombre se levanta y ensilla su caballo. Busca a varios hombres más y empieza a dar una vuelta por las ruinas de la ciudad. Nadie sabía lo que él tenía en su corazón; nadie sabía nada, él simplemente observaba. Sus palabras fueron las siguientes: *Tres días después de haber llegado a Jerusalén, salí de noche acompañado de algunos hombres, pero a ninguno de ellos le conté lo que mi Dios me había motivado hacer por Jerusalén. La única bestia que llevábamos era la que yo montaba.* (Nehemías 2:11–12 NVI)

Se trata de las palabras del profeta Nehemías, quien reconstruyó los muros de Jerusalén. Desde luego que para ejecutar sus planes necesitó comunicarlos posteriormente, y motivar a las personas. Sin embargo, aprendemos de él que no fue algo que prometió, no hizo una rueda de prensa a su llegada para anunciar todo lo que iba a hacer; él simplemente lo hizo y allí están los hechos.

PASO 2 - Planifica, pero por favor, empieza

Un estudio realizado por Henry Mintzberg dice:

> Las personas creen que los administradores son personas sistemáticas y reflexivas, hacedores de planes. Sin embargo, la realidad es la siguiente: La mitad de las actividades realizadas por los cinco máximos ejecutivos estadounidenses que estudié, duran menos de nueve minutos, y sólo el 10% de ellas duraban más de una hora.

> Un estudio de 56 supervisores estadounidenses certificó que promediaban 583 actividades en un período de ocho horas: en promedio, una actividad distinta cada 48 segundos.

> Un estudio de 160 administradores británicos de niveles medio y alto, encontró que su trabajo transcurría ininterrumpidamente, durante media hora o más, sólo una vez cada dos días.

> Ningún estudio ha encontrado patrones importantes en

la forma en que los administradores programaban su tiempo. Al parecer van de un asunto a otro, respondiendo continuamente a las necesidades del momento. (Mintzberg, y otros, 1997)

La planificación es necesaria en todo lo que vamos a hacer. Si tú no planificas, lo que ocurre es que podrías obtener un resultado totalmente diferente al que realmente deseas. Sin embargo, pasarte todo el tiempo planificando, sin nunca empezar, también es un extremo que debes evitar.

Siempre habrá cosas que se descubrirán en la acción. Planificar excesivamente es tan infructuoso como el no planificar, porque la planificación consume tiempo y dinero; consume deseos y, lo más importante, la inspiración de muchas personas. La clave está en saber cuándo empezar y hacerlo.

El día más largo de la historia

Dwight (Ike) Eisenhower fue el general jefe supremo de los aliados en la Segunda Guerra Mundial. La planificación del «Día D» le llevó largas horas de trabajo.

Dirigir generales de por sí es una tarea tan difícil como cazar ballenas; pero, cuando los generales son de países diferentes, sumado a que hay que reportar estos planes a los presidentes de los países involucrados, entonces las cosas se complican.

Por encima de todo esto, estaba la decisión de un hombre de ejecutar un plan. Hubo pronósticos del tiempo muy negativos, hubo cosas que no estaban cien por ciento claras, hubo generales que hicieron trizas la planificación realizada; en fin, quedaron muchas lagunas en el plan; pero el día 6 de junio del año 1944 las fuerzas aliadas desembarcaron en las playas de Normandía, tomaron a Francia que estaba ocupada por los alemanes y los expulsaron de allí, convirtiéndose en una de las hazañas bélicas de mayor trascendencia en la historia.

Cuando se dio la orden, el comandante supremo no estaba 100% convencido de que tendría un éxito rotundo. Al contrario, tenía muchas dudas; tantas, que escribió la siguiente nota y la guardó en sus archivos:

—Nuestro desembarco no logró un resultado satisfactorio y ordené el retiro de las tropas.

—Mi decisión de atacar en este momento y lugar se basó en la mejor información disponible.

—Los soldados, aviadores y marinos cumplieron su deber con la mayor devoción y valentía.

—Si hay alguna culpa o falla relacionada con este intento, ésta es sólo mía.

Eisenhower ya había tenido que aplazar el inicio de la «Operation Overlord», prevista originalmente para el día 5, debido al mal tiempo. Sin embargo, posteriormente se estableció que este mal tiempo fue lo que hizo que Hitler desestimara la posibilidad del desembarco. (Sagal, y otros, 1979)

Ejecutar lo planificado resulta más difícil que planificar. La ejecución es lo que construye los hechos. Mucha planificación y baja ejecución es una pérdida de tiempo.

PASO 3 - «Aterriza» tus sueños

La Gioconda, el Álgebra, el Teorema de Pitágoras, el David, el Quijote De La Mancha, Romeo y Julieta: todas son grandes obras que tienen siglos de existencia.

Sus creadores fueron hombres visionarios e iluminados, que pensaron en cosas aparentemente absurdas para el momento en que vivieron. La diferencia es que estos hombres aterrizaron sus sueños, no pasaron la vida envueltos en papeles y proyectos.

Soñar es fabuloso, pero si no ejecutamos nuestros sueños, y al menos damos «el primer picazo», posiblemente éstos nunca pasen del papel.

Walt Disney fue un soñador, pienso que uno de los más grandes que hayan existido jamás, porque pensar en un mundo como el que hoy es Disney, requiere de una imaginación preñada de fantasías. Él quebró varias de sus compañías en el intento; pero, se empleó a fondo y ejecutó sus sueños. Hoy el mundo Disney es más que un sueño en papeles: es una realidad como corporación, considerada entre las 40 principales del mundo. (Biografías y Vidas)

Cuando tenía 23 años ya había realizado más de veinte cursos y seminarios. Puse todos mis diplomas en las paredes de un cuarto y mi padre los vio. Él estaba muy contento, pero me dijo lo siguiente: «Dío, ten cuidado si te pasa lo que le pasa al maíz que se da en buena tierra». Le pregunté qué quería decirme con esas palabras, y me contestó: «Cuando el maíz se siembra en buena tierra crece muy alto, pero no produce una sola mazorca». Lo pensé y deduje con acierto, que quiso decirme que era tiempo de buscar trabajo y poner en práctica todo lo aprendido.

Un almirante «aterrizado»

Un sueño sin ejecución puede convertirse en una pesadilla. Trata de materializar tus sueños porque la vida, lamentablemente, no está diseñada para los soñadores, sino para los ejecutores.

Hay muchas teorías que hablan del descubrimiento de América; lo cierto es que hubo un hombre que plasmó sus sueños en un papel. Tuvo el coraje de ir donde los reyes de un país que no era el de su origen y convencerlos de que él mismo haría el viaje.

Ahora pienso que la nota de mayor valor que pudo llevarle a los reyes de España fue decirles: «Tengo tanta seguridad en lo que estoy diciendo, que yo mismo seré el que pondré en riesgo mi vida y dirigiré la expedición».

Su decisión era tan firme que tuvo las agallas de montarse en una nave, posiblemente llena de hombres de no muy buena reputación, zarpar mar adentro en medio de la incertidumbre, navegando miles de kilómetros, para finalmente llegar a Las Indias y aventurarse a penetrar un territorio habitado por personas de una raza desconocida. Se necesitó más que un sueño: lo hizo y regresó a España con los resultados en las manos. Cristóbal Colón mostró a los reyes de España hechos tangibles que demostraron que sus sueños eran más que papeles.

Personalmente, creo que la colonización implicó cruentas medidas, sojuzgamiento y destrucción de etnias y culturas. Los resultados fueron funestos para la raza indígena, pero es indudable la forma en que Colón se propuso aterrizar sus sueños.

PASO 4 - Vence tu temor a fracasar

La razón fundamental por la que las personas no empiezan algo es por el temor a fracasar. Lo lamentable es que luego que se han pasado horas escribiendo, teorizando sobre un tema, viene alguien, lo ejecuta y se lleva el mérito y los frutos.

Un estudio de la Universidad de Michigan revela que el 60% de nuestros temores son completamente infundados; nunca ocurren. El 20% están enfocados en nuestro pasado, lo que queda completamente fuera de nuestro control. El 10% de nuestros temores se basa en cosas tan ínfimas que no provocan una diferencia apreciable en nuestra vida; del 10% restante sólo un 4 ó 5 % se puede considerar justificable.

Los hechos nada más se consiguen cuando tenemos el valor de avanzar, aún en medio de nuestros temores. Todos los grandes proyectos producen, en el fondo, el temor de fracasar; pero la única forma de darnos cuenta de ello, es intentándolo. Por eso, lo que importa no es si tienes temores o no, sino el atreverte a marchar aún en compañía de ellos.

Warren Bennis entrevistó a sesenta importantes ejecutivos en diversas ramas profesionales, y descubrió que ninguno de ellos consideraba que sus errores fueran fracasos. Al hablar de ellos, estos ejecutivos los llamaron «Experiencias de aprendizaje», «El precio pagado», «Desvíos» y «Oportunidad de crecimiento». (Maxwell, 2003)

Lo cierto es que si tú no marchas adelante, aún con tu temor a fracasar, no podrás realizar los hechos y todo se quedará en papeles y sueños. Hay un proverbio japonés que dice: «No hay pobreza que pueda vencer a la diligencia».

PASO 5 - Sé consistente

La joven estaba en la tarima y le hablaba a una persona que estaba debajo, diciéndole: «Un cojo caminó, un sordo oyó y un ciego vio». Al tiempo que le decía las palabras, hacía los gestos de lo que esto significaba. Esta era la última noche de una cruzada evangelística realizada por Yiye Ávila celebrando sus 40 años de ministerio. Hoy día, sus hechos muestran una cadena de televisión que cubre prácticamente todo el planeta, transmitiendo el Mensaje del Señor vía satélite a toda la comunidad de habla hispana del hemisferio.

Todos hemos visto el rápido crecimiento de grandes líderes en distintas áreas de la vida: la política, la religión, el deporte, las artes y otras. Sin embargo, también hemos visto desaparecer a grandes estrellas de la noche a la mañana, cuando su éxito no es lo suficientemente consistente como para inscribirlos en un salón de la fama.

Ser consistente en el tiempo y el trabajo es fundamental para que logremos hechos. La consistencia es lo que diferencia los hechos de las casualidades.

Un temperamento difícil, pero hechos contundentes

Su temperamento no es el más apacible, y quizás no sea la persona que mayor motivación lleve a su equipo; sin embargo, sus hechos le convierten en una persona necesaria e importante para cualquier equipo. ¿Será el caso de Manny Ramírez, uno de los jugadores de mayor consistencia en las Grandes Ligas?

En los últimos siete años, Manny ha tenido un promedio de .323 y 128 carreras impulsadas con 40 jonrones por temporada. A veces da la impresión, por su temperamento, que él no tiene mucho interés en el juego; pero sus hechos son más contundentes que la apariencia. (Tango, y otros)

Podrás decir que una persona no te ama, pero si te trae flores todos los días, te da lo que tú le pides, está atento a tus necesidades, va cuando tú la llamas, y hace las cosas que a ti te gustan, entonces, los hechos dicen que tú podrías estar equivocado.

PASO 6 - La prueba del tiempo

Los hechos están compuestos de tres elementos: el trabajo, los resultados y el tiempo. Tú puedes tener buenos resultados, pero si los logras sin trabajar, los mismos son cuestionables. De igual forma podrás trabajar mucho; pero, si no obtienes resultados, no hay nada.

Los hechos tienen que tener un carácter que sobrepase la barrera del tiempo. Tus hechos no pueden ser como un castillo de arena que se desmorona con el paso del agua.

Julio Iglesias recibió un disco de diamante en 1983, certificando la venta de cien millones de discos. Nadie puede hacer esto con un álbum, ni siquiera con diez; se necesitan muchas producciones para llegar a esta astronómica suma; pero, también se necesita cosechar los resultados del tiempo.

Hay un proverbio popular que dice: «El tiempo se venga de las cosas que se hacen sin su consentimiento». Muchas personas quieren obviar el tiempo y obtener hechos; pero esto tiene dos funestas consecuencias: la primera, se habrán perdido el gozo y la felicidad que produce la realización de sus hechos, e ir aprendiendo de los errores, y creciendo paso a paso. Esto implica que podrían quedar lagunas en su proceso de maduración, lo cual no es bueno.

La segunda consecuencia es que se habrán perdido de muchas cosas en la vida, porque cuando tú aceleras el tiempo, es como acelerar un carro: la velocidad aumentará y tu percepción de lo que te rodea será cada vez más vaga y difícil de disfrutar.

PASO 7 - Sobreedifica

Me gusta jugar Monopolio, sobre todo cuando lo hago electrónicamente en mi organizador personal. Mi experiencia es que la mejor forma de ganarle a la Casa, es cuando uno logra construir muchas casas en los solares que compra en las distintas avenidas.

El secreto no es comprar muchas propiedades o tener mucho dinero, está en edificar en el terreno comprado. A esto me refiero con sobreedificar, algo así como el hecho de construir sobre lo que tenemos ahora.

Para lograr hechos, tú deberás concentrarte en sacar el mayor beneficio sobre lo que ya tienes. No podrás construir hechos si cada día cambias de carrera, de oficio o de estrategia; tendrás que resistir hasta el final.

Dispara a un solo blanco

Es muy tentador querer aprovechar todas las oportunidades que se presentan al mismo tiempo; pero, lo cierto es que si no sobreedificamos en un solo punto, posiblemente tengamos hechos muy dispersos, y estos tienden a diluirse con el tiempo.

Lo mejor es concentrar todas nuestras fuerzas en un solo punto, y de esta forma lograr hechos contundentes en un área. Una vez tú hayas logrado hechos relevantes en algún sentido, entonces estarás preparado para lanzarte al otro aspecto; de lo contrario, corres el riesgo de apuntar a varios blancos al mismo tiempo, y al disparar, si tienes mucha suerte, podrías golpear uno, pero lo más probable es que no golpees a ninguno de ellos.

Si no tienes tiempo, fabrícalo

Los hombres de hechos están acostumbrados a sobreponerse al cansancio y seguir adelante. Ellos fabrican las horas de la noche o de las madrugadas, y logran plasmar sus ideas.

Los autores, científicos e inventores que hemos mencionado antes estaban trabajando en otras áreas, al tiempo que tenían familias; eran profesores universitarios en su mayoría, y hombres influyentes socialmente. ¿En qué tiempo habrán escrito estos libros? ¿Cómo habrán sido tan productivos y efectivos? La clave está en cómo utilizaron su tiempo y se concentraron en su deber para con la humanidad, más que en sus propias necesidades.

Estudiar cualquier área de la vida es en sí una tarea difícil. Crear soluciones a los obstáculos que la vida presenta es más difícil aún; pero, lograr plasmar todo este conocimiento en una obra de tal magnitud, que futuras generaciones puedan beneficiarse de ello, requiere mucha entrega. Sin embargo, una realidad es que los hombres de hechos trascendentales, tuvieron tiempo para las tres cosas. Ellos «fabricaron» el tiempo y nos dejaron una cuantiosa herencia.

Yo te desafío a encontrar tu propósito en la vida, profundizar en él y dejar herencias sobre las que las futuras generaciones puedan transitar. Recuerda que no hay tiempo, tú tendrás que «fabricarlo».

El rey de los hechos

Jesús dijo: «*Por sus frutos los conoceréis*». —Ley de Los Hechos—. «*Todo pámpano que no da buenos frutos es cortado y echado al fuego*». —Ley de Los Hechos—. El apóstol Santiago dijo: «*Muéstrame tus obras y yo te mostraré mi fe*». —Ley de Los Hechos.

Jesucristo hizo todo lo que dijo y aún más. Se despertó cada mañana, oró primero que sus discípulos y cuando les dijo que oraran una hora, ya Él había orado varias. Cuando les pidió que echaran fuera los demonios, ya Él lo había hecho; cuando les pidió que sanaran enfermos, también lo había hecho; y cuando les pidió que dieran su vida por el Evangelio, ya tenía la firme convicción de que Él lo haría.

Sus hechos fueron tan elocuentes, que no tuvo que escribirlos. Su vida fue un libro, un libro que otros escribieron. Hay miles de escritos que evidencian sus hechos. Estos hechos fueron tan transcendentales que los historiadores han preferido dividir el tiempo en dos partes: Antes y Después de Cristo.

LA LEY DE LA HONRA

El rey había intentado matar a uno de sus caballeros, tanto por sus manos como por vía de otros.

Una noche oscura, mientras el rey buscaba incesantemente a aquel hombre, quedó dormido en una cueva en la que precisamente estaba el fugitivo. De repente, el fugitivo estaba frente a un rey dormido e indefenso mientras él portaba un arma con capacidad de dar un solo golpe y dejarlo muerto.

No imagino lo que tú hubieras hecho en este caso; pero este hombre renunció a matar al rey, por respeto a su investidura y a quien lo había establecido.

Este fugitivo posteriormente se convirtió en rey y cobró renombre como uno de los reyes más grandes que haya dado la historia. Se trata del rey David, escritor de la mayoría de los Salmos y de quien, establece La Biblia, desciende nuestro Señor Jesucristo. Esto es un ejemplo de lo que significa la Ley de la Honra. David conoció y practicó la Ley de la Honra de tal forma que su conciencia siempre estuvo soberanamente tranquila.
(1 Samuel 24:1-9)

Yo llamo Ley de la Honra a la capacidad de respetar profundamente a tus superiores y de honrarlos con tus actos, tus palabras y tus pensamientos. Honrar a tus superiores es desear lo mejor para ellos, es hacer que ellos queden bien a toda costa, es no desear su puesto ni esperar que cometan un error para tú remplazarlos.

David no respetó a Saúl por temor ni por oportunidad, lo hizo porque tenía bien claro lo que significaba la Ley de la Honra. Pese a los conflictos entre ellos, y al enojo de Saúl contra David, cuando Saúl fue muerto y quien va a darle la noticia al rey es el mismo que lo había matado, buscando con esto ser favorecido por su acto, ¿saben lo que hizo David? ¡Lo mandó a matar!

A ti esto te parecerá absurdo, pero tiene su lógica: la honra va más allá de la oportunidad y del deber. Esta llega al grado del dolor; dolor de ver cuando a tu superior las cosas le salen mal, aunque éste no siempre haya sido el mejor jefe para ti.

Tres consecuencias de no vivir esta ley

1. Detiene tu crecimiento en la vida

Si tú quieres tener oportunidades en el mundo laboral, si quieres ascender en tu compañía, y si quieres que te vaya bien en la vida, honra el orden superior.

Un jefe puede olvidar y obviar que un empleado no tiene el desempeño requerido, puede tolerar una tardanza, puede tolerar un reporte mal hecho y muchas cosas más; sin embargo es muy difícil que perdone un irrespeto.

He oído de algunas personas que están cansadas de sus jefes, que no los soportan, que quieren que ellos se vayan, que ojalá y los cancelen mañana. Pero, déjame decirte que mientras se alberguen estos sentimientos es muy difícil avanzar en la compañía.

Esos empleados ignoran que, en el 95% de los casos, sus jefes perciben sus actitudes de rechazo y mala voluntad; ignoran que, como consecuencia, no les tendrán confianza y siempre los relegarán a planos inferiores.

Cuando aparece una oportunidad en la organización, si estás apto para ella, ¿sabes a quién es la primera persona que le preguntan sobre ti? ¡A tu jefe! Si tu superior no está de acuerdo, simplemente no te darán la oportunidad. La opinión de tu jefe sobre ti pesa demasiado para otros encargados de departamentos. Nadie quiere en su equipo a una persona irrespetuosa y que no se lleva bien con su jefe, eso es como «afilar cuchillo para su propia garganta».

La palabra de un jefe vale más que la de muchos empleados. Si tú no tienes el apoyo de tu jefe, te costará mucho esfuerzo avanzar en la organización. Mucha gente cree lo contrario; creen que mientras más opaquen a sus jefes, e intenten sobrepasar el nivel de ellos, más fácilmente serán promovidos. Nada más falso: los accionistas y gerentes generales no tienen tiempo para intimar con los empleados. Es por eso que cuando un ejecutivo medio toma una decisión, difícilmente aparece alguien que le pregunte los pormenores del asunto.

En mis inicios en la iglesia, el que hoy es mi pastor y mentor espiritual, era lo más parecido a un dictador; pero también era un ejemplo de lo que es un trabajador incansable: nunca paraba de trabajar.

Mi carácter fuerte me hacía creer que tenía el derecho de faltarle el respeto a todo aquel que no me respetara. Esto trajo como resultado diversas confrontaciones que derivaron en motín. Me uní a un grupo de personas y llevamos al pastor a unas elecciones. El propósito no era más que sacar de la iglesia al pastor. ¿El líder de aquella «revuelta malsana»? Yo.

Mi pastor es un hombre al que no lo detiene nada; se enfrentó a nosotros y... ¡Ganó las elecciones! Desde entonces entendí como un mensaje de Dios que yo estaba equivocado. Me sometí a mi pastor, trabajé para él, diezmé para la congregación y me comporté como un miembro respetuoso y comprometido con la iglesia.

Pude haberme ido; no tenía la obligación de permanecer en aquel lugar, pero debo decirte que ha sido una de las mejores decisiones que he tomado en toda mi vida. Mi pastor y yo resolvimos nuestros conflictos, él se convirtió en mi amigo y consejero, y yo entendí que había resuelto un problema de honra.

Siete años después me llamaron a servir a otra congregación, y mi pastor me envió, junto a mi esposa, a servir en otro lugar. Con el tiempo fui seleccionado por la junta de la congregación para ser el pastor oficial de la iglesia.

Para poder servir como pastor necesitaba la aprobación del director del distrito. El director del distrito era mi pastor, el cual me recomendó e intervino por mí, y en su momento me defendió. La Ley de la Honra: si no la cumples, no creces, y punto.

2.- Provoca malas relaciones con los demás

Para tener buenas relaciones con los demás, debes empezar por honrar a tus superiores, comenzando por tus padres. Cuando hablo de esto tengo muchas personas en contra, por el hecho de que en una sociedad como la actual los padres abandonan a los hijos, los maltratan y algunos los avergüenzan. Tú te preguntarás: ¿Yo tengo que perdonar a un padre que me hizo todo esto? Te digo que sí, que esto te puede ayudar a relacionarte con los demás.

¿Has oído hablar de los diez mandamientos? Si es así, posiblemente hayas oído uno que dice «Honra a tu padre y a tu madre para que te vaya bien». ¿Qué pasa si no honramos a nuestros padres? No sé lo que tú piensas, pero la afirmación anterior nos da la respuesta.

Observa a las personas y sus relaciones con sus superiores; mira su comportamiento. Si su comportamiento es negativo y problemático, entonces trata de ver cómo se lleva esta persona con sus padres. Estoy casi seguro que hay un problema en esa relación. Lo que intento decirte es que si te llevas mal con tu jefe, generalmente, es porque en algún sentido tienes conflictos con alguno de tus padres. Es bueno aclarar que cuando hablo de llevarse mal, me refiero a casos de conflictos frecuentes.

3.- Tendrás que hacer cambios bruscos y costosos

Cuando apenas tenía 18 años empecé a trabajar en mi primer empleo en un supermercado. Mi padre me dijo que yo iba a trabajar como ayudante de cajero e imaginé que un ayudante de cajero era alguien que cuando la cajera no estaba, entraba en función.

Luego descubrí en qué consistía el puesto: un ayudante de cajero era un empacador de compras. Además de ese «trabajito», tenía también que ayudar en el almacén, cargar «mis cajitas» de vez en cuando, y hasta ayudar a desmontar las mercancías cuando llegaban los camiones. De mi jefe sólo recuerdo que se llamaba Miguel. Me costaba llevarme con él, me resistía a cumplir sus ordenes; en fin, no lo soportaba.

Para mi sorpresa, un día me despidieron. Yo no lo esperaba ese día, y creo que lo hicieron por mi mal carácter. Debieron haberlo hecho antes. Tanto mi padre como yo pedimos otra oportunidad, pero fue en vano.

Yo que creí no necesitar el empleo, me avergoncé de quedar mal, tanto con la empresa como con mi padre. Estaba despedido y tardé casi un año para conseguir una nueva oportunidad. Este es el resultado de violar la Ley de la Honra, y si tú persistes, tendrás que cambiar de trabajo con mucha frecuencia. Lo triste es que siempre pensamos que la culpa es de los demás, nunca nuestra.

Daniel E. Ruettiger (Rudy) estuvo más de tres años esperando que le dieran la oportunidad de jugar en la Universidad de Notre Dame, sin lograrlo, por lo que decidió irse del equipo y no asistir a la práctica ese día. Su mentor y amigo lo encuentra en un lugar apartado, y le pregunta:

—¿No se supone que estuvieras practicando en este momento?

—Renuncié. —Le contestó él.

—¿Desde cuándo tú eres de los que renuncian? Yo renuncié un día a volver a ese campo, me sentí rechazado igual que tú, y no ha habido un día en el cual no me arrepienta de haberlo hecho.

(Colaboradores de Wikiquote, 2011)

Esto es lo que pasa con las personas que no cumplen la Ley de la Honra. En un momento de ira echan todo al zafacón, y deciden empezar de nuevo en otra cosa; van por la vida, empezando y dejando... pero no concluyen nada.

Si los profesores no les caen bien, ellos retiran las materias. Si los entrenadores no les caen bien, ellos se van del equipo; si los jefes no les caen bien, renuncian al trabajo. No importa qué tan buena sea la oportunidad que se les da, ellos de repente tiran todo por la borda y deciden que ya no seguirán. Cuando se les pregunta, siempre te dirán lo mismo: La culpa no es mía, ellos debieron...

¿A quiénes debemos honrar?

Honra a Dios

El primer acto de rebeldía de todo hombre empieza contra quien lo creó. No es correcto que un hombre, que no sabe cómo fue hecho, se rebele contra Dios que le ha dado todo. Esa rebeldía surge por la lucha de poder que libra el hombre consigo mismo, no porque lo desee, sino porque este es el verdadero pecado original: El deseo de ser igual a Dios.

En una ocasión, un maestro de física hizo la siguiente pregunta:

—¿Quién ha creado todas las cosas?

Un estudiante cristiano respondió:

—Dios... Dios lo ha creado todo.

El profesor continuó diciendo:

—Entonces, si Dios lo ha creado todo, también creó el mal; Dios creó la miseria, el dolor... Entonces Dios no existe.

Otro estudiante que estaba en la última fila, le preguntó al profesor:

—¿El frío existe?

El profesor contestó:

—¡Claro que el frío existe!

Pero el estudiante replicó:

—No, profesor, el frío literalmente no existe. Lo único que

existe es el calor. La ausencia de calor es llamada frío, pero físicamente el frío no existe. Otra pregunta, profesor: ¿La oscuridad existe?

—¡Claro que existe!

El estudiante le contestó de nuevo:

—Se vuelve a equivocar. Físicamente la oscuridad no existe, lo que existe es la falta de luz.

El alumno terminó la conversación diciendo:

—Profesor, el mal no existe, lo que existe es la falta de Dios. Cuando el hombre no tiene a Dios, entonces, esto provoca el mal.

¡Asómbrate! Este estudiante era nada menos que Albert Einstein.

La rebeldía es eso: Tú quieres ser igual o superior a quien le debes respeto, subestimas su capacidad y sobrestimas la tuya. Dirás que puedes hacerlo mejor, que sabes más, que lo tuyo es superior. Esto fue lo que pasó en El Edén: *La serpiente le dijo a Eva: —¡No es cierto, no van a morir! Dios sabe muy bien que, cuando coman de ese árbol, se les abrirán los ojos y llegarán a ser como Dios, conocedores del bien y del mal.* (Génesis 3:4–5 NVI)

Es por eso que te digo: empieza a honrar a Dios y habrás iniciado una nueva vida; ponte en paz con Él y tendrás resultados diferentes en cada uno de tus actos.

Honra a tus padres

Si tú no honras a tus padres, en todo el sentido de la palabra, lamento decirte que puede irte mal. Honrar a tus padres significa tenerlos en alta estima, estar presto a respetar sus opiniones, sus decisiones y sus pensamientos. Que ellos se sientan orgullosos de tus valores.

Hijo mío, escucha las correcciones de tu padre y no abandones las enseñanzas de tu madre. Adornarán tu cabeza como una diadema; adornarán tu cuello como un collar. (Proverbios 1:8-9 NVI)

Si tú no honras a tus padres, tendrás dificultad para honrar a Dios; es por ello que el Padre Nuestro dice: «*Padre nuestro que estás en el cielo...*». (Mateo 6:9 NVI) Fíjate que no será posible establecer un vínculo con Dios al orar cuando para ti la palabra Padre suena desagradable.

Hay personas que no pueden pronunciar la palabra Padre, porque esto les trae un amargo recuerdo. Mi consejo es que busques la forma de dar solución a este conflicto; si no puedes hacerlo, busca ayuda profesional, busca ayuda en una iglesia, busca ayuda donde un consejero, pero no te quedes atado a esta maldición.

Honrar a tus padres significa estar pendiente de ellos y de sus necesidades, oír su voz, preocuparte por ellos y desprenderte de parte de tus beneficios para repartirlos entre ellos. La Biblia dice que si hacemos esto nos irá bien. Yo creo en eso y lo he practicado por años.

Sólo deseo que observes en las familias a aquellos que asumen la honra de los padres con mayor vehemencia y tendrás a un individuo próspero; esto es una promesa. También observa lo contrario, y tendrás a una persona desdichada y con muchos problemas.

Honra al jefe, líder o superior

Los jefes siempre darán una razón para que sus colaboradores se sientan incómodos, para eso les pagan, no para que vivas en un eterno descanso. Es por eso que si tú no logras manejar tu carácter, vivirás incómodo con tu jefe, lo cual se traducirá en una fricción que de seguro tendrá un perdedor. Mi consejo es que no empieces esa guerra.

Honrar a tu jefe no quiere decir que tú seas una persona servil e insensible; todo lo contrario, es hacer que tu jefe tenga confianza en ti y que no se sienta amenazado o irrespetado por tu conducta.

Yo en lo particular tengo una tesis que dice: «No siempre hago lo que mi jefe me dice, pero siempre hago lo que me ordena». La diferencia está en que, en ocasiones, tu jefe puede estar equivocado o por lo menos es lo que tú piensas.

Tú podrás dar sugerencias o alternativas; sin embargo, si tu jefe persiste en la posición inicial, esto debes asumirlo como una orden, y es mejor que lo hagas. Se supone que él tiene un nivel superior al tuyo, porque en algún sentido él te supera. Por tal razón, debes confiar en que él sabe lo que está haciendo.

La Ley de la Honra va más allá de respetar a tu jefe; significa respetar a las personas que tienen algún vínculo con él. El rey David le profesó tal honra a Saúl, que aún después de la muerte de Saúl, David pregunta: —*¿Hay todavía alguno que haya quedado de la casa de Saúl, para que yo le muestre bondad por amor a Jonatán?* (2 Samuel 9:1 LBLA)

Entonces alguien le contesta que hay un hijo de Jonathan. David manda a buscar a Mefiboset, el nieto de Saúl, y le concede un espacio especial para vivienda. Además le buscó un sirviente para que lo atendiera, porque el niño era minusválido.

Una persona común lo hubiese eliminado, en vista de que su vida significaba una amenaza y era una manera de vengarse de todo lo que le había hecho su abuelo; sin embargo, una vez más David demostró que conocía la Ley de la Honra.

Hace algún tiempo, cuando fui ejecutivo de negocios en una empresa, tuve un gerente con muchas deficiencias a quien fui formando poco a poco. Toleré sus insuficiencias, como el que en algún momento faltara a las políticas organizativas de la empresa, entre otras muchas cosas.

Un día contraté a una persona a quien puse como subordinado de este gerente. El joven, a quien aprecio mucho, era el baterista de mi iglesia.

El gerente mencionado, de inmediato empezó a maltratar a aquel joven, algo que entendí como un irrespeto a mi persona, y esa conducta de él me irritó más que todo. Finalmente, esta tangible violación de la honra terminó con el contrato de trabajo de aquel gerente.

Honra a todos los superiores

Hay quienes entienden que como a un gerente determinado no le compete su área de trabajo, entonces no merece ningún respeto; es decir, «Él no es mi jefe». ¡Tremendo error!

Cuando tu jefe se reúne con los otros encargados de departamento o área, siempre conversan de los buenos y los malos empleados, y en ese tipo de conversación siempre sale a relucir el comportamiento bueno o malo de alguna persona de la compañía.

Si tú has irrespetado a un colaborador de tu jefe, puedes tener por seguro que tu jefe lo sabrá y se sentirá avergonzado de ti. La honra significa que tus superiores están orgullosos, no avergonzados. Cuando hablo de superiores me refiero a quien tiene la autoridad en el espacio de vida donde tú te encuentras.

Tengo un amigo, que estaba tomando una clase de psicología con un profesor con un alto grado de irresponsabilidad; llegaba tarde y faltaba a clases con frecuencia. En una ocasión mi amigo le pidió que repitiera algo y el profesor contestó: «Hermano, abra las orejas grandes que tiene». Mi amigo perdió la paciencia y le dijo algunas cosas que pusieron al profesor en su puesto. ¡Se lo merecía!

Como colofón: mi amigo utilizó la frase: «Usted es un charlatán», algo con lo que estoy totalmente de acuerdo, pero no apoyo esta frase hacia un profesor por muy malo que éste sea.

Un profesor es una autoridad superior y lo que tú honras no es la persona, es la investidura. Por eso, hay momentos en los que tú deberás morderte la lengua si tienes el impulso de decir algo contra su investidura.

Muestra que te sientes mal y expresa tus sentimientos claramente, pero no te extralimites, no le faltes al respeto a la investidura; ten en cuenta el puesto, no la persona.

Cuando el hijo de David le dio un golpe de estado a su padre, éste huyó hacia las montañas, junto a algunos de sus guardias y varios de sus seguidores. Un familiar de Saúl lo encontró en el camino y empezó a tirarle piedras, y a decirle improperios. *Cuando el rey David llegó a Bajurín, salía de allí un hombre de la familia de Saúl, llamado Simí hijo de Guerá. Éste se puso a maldecir, y a tirarles piedras a David y a todos sus oficiales, a pesar de que las tropas y la guardia real rodeaban al rey. En sus insultos, Simí le decía al rey: —¡Largo de aquí! ¡Asesino! ¡Canalla! El SEÑOR te está dando tu merecido por haber masacrado a la familia de Saúl para reinar en su lugar. Por eso el SEÑOR le ha entregado el reino a tu hijo Absalón. Has caído en desgracia, porque eres un asesino.* (2 Samuel 16:5–8 NVI)

Aquel hombre le faltó al rey, creyó que un rey caído no merece ningún respeto. Unos días después, David volvió a ser rey y el sobrino de Saúl tuvo que arrodillarse ante él, y pedirle perdón. El rey David lo perdonó principalmente para honrar a Saúl. ¡Fíjate en los dos extremos de la honra!

Honra a los superiores, no porque ellos se lo merezcan, sino porque tú eres una persona que deseas tener éxito integral y para eso, debes cumplir con la Ley de la Honra.

Honra el orden establecido

Mi profesor, el Dr. Benabu, me dijo una vez: «Si las políticas de una empresa se ponen en movimiento al mismo tiempo, la compañía se detiene». Ciertamente él tenía razón; sin embargo, hay que tener mucho cuidado con la violación constante de los procesos y las políticas de la institución.

Hay personas para quienes el orden establecido es algo insignificante y carente de respeto. Por eso se meten en numerosos problemas.

Las políticas de la compañía no son para rendirles loor, o para tú arrodillarte ante ellas, pero debes entender que alguien las hizo y posiblemente con alguna intención. Es por ello que hay que tener el cuidado de no violarlas, porque puedes meter a tu compañía en problemas y a tus superiores también. Antes de violar o cambiar una política, pregúntate por qué la establecieron y, siempre que te sea posible, consulta con tu superior al respecto y permite que él sea quien tome la decisión final.

Las nuevas corrientes de la administración proponen adelantarse a las políticas establecidas, sugieren que las cosas hay que cambiarlas, que hay que tener cuidado con los paradigmas, etc. Estoy de acuerdo con todo esto, pero también creo en la institucionalidad y el respeto de un orden, pues el ser creativos no nos impide ser respetuosos.

A las personas con problemas de honra les cuesta mucho respetar las normas existentes; desconocen que los procesos son establecidos por alguien superior en la compañía, y que violarlos afectará a alguien en el futuro.

Honra a la ley

Cuando hablamos de orden establecido, hablamos también de la ley. Una persona con problemas de honra, tendrá problemas para respetar la ley; es por eso que la cárcel está llena de personas rebeldes, porque entendieron que el orden establecido no merecía su respeto. La disciplina de un ser humano, por educado y docto que sea, se pone de manifiesto cuando es capaz de someterse al orden.

He aprendido a honrar a las autoridades gubernamentales, policiales, etc. Es mi deber entender que esta gente merece mi honra y mi distinción; por eso, en la medida de mis posibilidades, reconozco el valor que tienen para nuestra sociedad y que el irrespeto les ocasiona malos ratos.

Sin embargo, no siempre fue así. Anteriormente, yo podía ir a un lugar y si alguien me daba una orden que yo consideraba fuera de lugar, simplemente no la cumplía, lo cual me acarreó muchos inconvenientes y momentos desagradables. Con el tiempo he aprendido a honrar el orden establecido, no importa quién dirija.

Recuerdo que en una ocasión uno de mis profesores se molestó bastante porque entré al aula con algo de comida. Él me mandó a salir del curso en mala forma. Yo me levanté y le dije todo aquello a lo que tenía derecho. El resultado fue que falté a la honra. Él era la autoridad en ese momento, y yo había faltado a su orden.

Siempre las personas que irrespetan el orden superior racionalizan lo ocurrido, y siempre habrá una razón por la cual irrespetamos a las personas. Si no superamos esta debilidad, nunca lograremos salir de un problema tras otro. Gracias a Dios, él fue más maduro que yo, y no tomó represalias por mi irrespeto. Al final logré pedir excusas y hacer las paces con el profesor, para mi bien, pues fue él quien corrigió nuestros trabajos de tesis.

Te recomiendo que honres la ley y las autoridades; de lo contrario, ellos tienen la forma de someterte al orden institucional.

Tres beneficios de la Honra

UNO - Te conviertes en una persona feliz

Tres de las causas que más infelicidad producen al ser humano son los resentimientos, el odio y la envidia. Estas tres emociones negativas tienen que ver con la Ley de la Honra.

Normalmente no se honra a una persona porque alguno de estos sentimientos está presente en nuestra vida. Cuando sientes envidia de tu jefe porque quieres su posición, entendiendo que lo superas en capacidad, que tienes más tiempo en la empresa, etc., sin darte cuenta te estás convirtiendo en una persona infeliz, que no disfruta la vida, que vive con una angustia que te destruye.

De igual manera, si guardas algún resentimiento contra tus padres, contra tu jefe o cualquier autoridad superior, puedes llegar a ser rico, pero no feliz. El resentimiento produce un tipo de infelicidad de la cual no puedes desprenderte muy fácilmente. Este sentimiento negativo genera el odio, y una persona con odio es una persona amargada, triste y muy proclive a enfermarse.

Te invito en este momento a dar un cambio en tu vida en relación a tus superiores. Ponte a cuenta con ellos, perdona sus ofensas; pero, en cualquier caso, conquista la felicidad honrando a tus superiores.

DOS - Te conviertes en una persona confiable

Nicolás Maquiavelo escribió: «El primer método para calcular la inteligencia de un dirigente es mirar a los hombres que tiene a su alrededor». (Maquiavelo, 1532) Los verdaderos líderes lo saben y por eso se rodean de gente exitosa y gente que pueda aportarle.

La confiabilidad es la clave para ascender en una institución; más que el conocimiento, la confiabilidad es una cualidad imprescindible para que tú puedas llegar a posiciones importantes.

El conocimiento ayuda, las relaciones también, pero nada supera el hecho de que tú seas una persona confiable para quienes dirigen la organización. Es por eso que tú ves en muchas organizaciones que no siempre es el más capaz quien llega a las buenas posiciones, sino también el más confiable, y para tú ser confiable necesitas ser una persona que honres a tus superiores.

Cuando vayas a rechazar una sugerencia de tu superior, hazlo con suma inteligencia, con firmeza, pero haciéndole saber que bajo ningún concepto quieres ofenderle u oponerte a sus criterios, de manera personal.

TRES - Promueve tu crecimiento en la organización

Cuando sabes esperar tu tiempo, sabes honrar a tus superiores, y combinas esos saberes con las demás leyes de este libro, tu crecimiento en cualquier organización en la que te desarrolles está garantizado.

El problema de mucha gente es que se adelantan a los hechos, y se precipitan a tomar decisiones que ponen en riesgo su confiabilidad frente al líder.

Los líderes tienden a ser celosos con el poder

Cuando David salió a la guerra, evidentemente, fue un guerrero superior a Saúl. Por eso el público gritaba: «*Saúl hirió a sus miles, y David a sus diez miles.*» (1 Samuel 18:7 RVR 1960)

Este no es el tipo de cosas que le gusta oír a los líderes, y hay que ser muy cuidadoso cuando se maneja este tipo de situaciones. De hecho, este tipo de comentario es casi irreparable. Así fue como entraron los celos en la vida de Saúl y empezó su persecución en contra de David.

Cuando hablamos de que la honra garantiza tu crecimiento en la organización, nos referimos a que si las personas no pierden la perspectiva, caminan con delicadeza hacia delante, y hacen lo que tienen que hacer, los líderes siempre los consideran como una opción entre sus posibles sustitutos. Cuando cumplimos la Ley de la Honra, nuestro crecimiento en la organización está asegurado; no hacerlo tiene sus consecuencias. Aunque, como es lógico, la honra tiene sus límites.

Los límites de la honra

Honrar no significa que cumplas con todo lo que te mandan, sin cuestionar nada. Esto puede llevarte a cometer faltas en contra de ti mismo y además no se llama honra, se llama servilismo. Nuestra integridad nunca debe ponerse en juego; es por esto que debes tomar decisiones en estos casos, pero conservando la distancia. Por el hecho de no estar de acuerdo con algo, no puedes violar la Ley de la Honra. Tú te preguntarás: «¿Qué hacer?»

Cuando una persona te está obligando a cometer un acto en contra de la ley, o de la empresa en que laboras, o de tu integridad, entonces te está incitando a violar el orden superior. Tú no estás obligado a violar la ley, pues la ley está por encima de ti y de tus superiores. No estás obligado a violar las políticas de tu empresa, o las normas establecidas, sólo porque tu jefe lo dice; tu jefe debe someterse al orden, de lo contrario pierde la autoridad conferida.

LA LEY DEL AMOR

Si hablo en lenguas humanas y angelicales, pero no tengo amor, no soy más que un metal que resuena o un platillo que hace ruido. Si tengo el don de profecía y entiendo todos los misterios y poseo todo conocimiento, y si tengo una fe que logra trasladar montañas, pero me falta el amor, no soy nada. Si reparto entre los pobres todo lo que poseo, y si entrego mi cuerpo para que lo consuman las llamas, pero no tengo amor, nada gano con eso.

(1 Corintios 13:1–3 NVI)

El 8 de marzo del 2006, mientras estaba en la universidad dictando una conferencia, recibí una llamada de mi esposa. El solo hecho de recordar ese momento me produce sensaciones desagradables. No olvido sus palabras:

—Dío, tu hermano tuvo un accidente.

—¿Grave? —pregunté de inmediato.

—Sí, hay que intervenirlo de emergencia. Necesitamos sangre.

Suspendí mi intervención y pedí excusas por tener que retirarme. En ese instante mi vida cambió su rumbo, el tiempo se detuvo, las cosas más importantes carecían de sentido y algo tan sencillo como dos pintas de sangre se convirtieron en el bien más preciado para toda nuestra familia. En ese momento habría cambiado todo lo que tenía por dos pintas de sangre; habría sido capaz de cualquier cosa a fin de garantizar la vida de mi hermano.

Durante 60 minutos nuestra familia vivió el más angustioso momento que hasta ese instante haya experimentado. El objetivo era conseguir dos pintas de sangre, algo que fue realmente difícil y traumático. Al final, cuando pudimos conseguir el preciado líquido, hice una llamada telefónica y en ella me confirmaron la peor noticia que he recibido en mi vida: mi hermano había fallecido.

Tiempo para pensar

En vista de que mi madre iba a mi lado, tuve que recibir la noticia aparentando mucha calma, y esperar el momento adecuado para transmitirla a los demás. Eso me dio un espacio para pensar en muchas cosas. Hacía más de dos meses que no me comunicaba directamente con mi hermano menor; no tuve la oportunidad de recibir sus últimas impresiones, no estuve a su lado al momento de su muerte. No hubo ni una sola palabra durante todo ese período entre nosotros dos; sin embargo, éramos dos hermanos normales, en donde no había ningún tipo de diferencia, simplemente mi tiempo y su tiempo no fueron destinados para disfrutar el regalo de la hermandad que Dios nos había otorgado.

Treinta y dos cumplidos, sólo 15 vividos

Mi hermano tenía apenas 32 años, yo era cuatro años mayor que él. Nuestra relación fue muy buena hasta los 15 años, desde entonces empezamos a separarnos y tener espacios diferentes; algo que, ahora pienso, fue un error de mi parte; es decir, no haber integrado a mi hermano menor a mi ambiente.

Quizás tú pensarás que cada persona es diferente y debe asumir su rol en la vida; yo pienso que Dios me lo dio a él como hermano y era mi deber cumplir con la Ley del Amor y hacerlo lo mejor posible. En lo personal puedo decirte que una de las peores sensaciones que puede sentir como ser humano, es saber que no dedicó el tiempo suficiente para compartir con un familiar que haya fallecido inesperadamente.

Un grito que no escuché

Posiblemente él quiso hablarme, pero mi prisa, mis ocupaciones, mis importantes reuniones no le dieron cabida a sus sentimientos. Edward era un buen jugador de baloncesto; en varias ocasiones me invitó a que lo viera jugando y asistí una sola vez, pero lo hice con mucha prisa. Desde luego, como yo lo defraudé, él buscó amigos y compañeros que llenaron mi espacio de alguna forma, pero yo jamás encontraré quien llene el espacio que él dejó en mi vida.

El funeral es el peor lugar para conocer

En su funeral fue cuando realmente me di cuenta del hermano que tenía. Era un líder natural en el centro educativo donde laboraba como maestro. Más de mil estudiantes le rindieron un inolvidable homenaje a la amorosa entrega de sí mismo como compañero, y al respeto que tuvo de sus labores en el plantel. Hablaron de un hermano que nunca conocí; hablaron de su sentido del humor, de su amor por las personas, de su entusiasmo y su gran sentido de cooperación, y en ese instante sentí que tuve 32 años con mi hermano, pero que sólo lo conocí los primeros 15 y luego perdí su rastro.

Mi pregunta para ti es la siguiente: ¿Hace qué tiempo no te comunicas con tus seres queridos? ¿Cuándo fue la última llamada a tus padres y a tus hermanos? ¿Qué tipo de relación conservas con tu núcleo familiar?

Esta experiencia me llevó a pensar que la vida pierde su sentido cuando violamos la Ley del Amor.

El cordón umbilical

Todo ser humano tiene un vínculo que lo une a su familia de origen. Hay un poder superior que lo estableció allí y lo hizo con un propósito. Tú necesitas de ese grupo de personas a la que llamamos familia, y esas personas necesitan de ti. Al violar la Ley del Amor dejamos en un segundo plano estos vínculos, y nos enfocamos en cosas que podrían ser importantes, pero que no son la esencia de la vida.

El texto de las Sagradas Escrituras que enfocamos primero nos dice que no importa todo lo que hagamos o tengamos, a la larga todo inicia y termina en el amor. Cuando tú naces, alguien se alegra, todos se reúnen en un lugar a celebrar tu nacimiento; igual, cuando una persona muere, lo normal es que todos se reúnan a llorar su muerte. Las dos acciones implican un sentimiento de amor. El amor marca el inicio y el fin de la vida.

La esencia de la ley

Lo que en esencia expresa esta ley es que si alguien logra conseguir todo el dinero del mundo, si tiene éxito en todas las áreas del trabajo y los negocios, pero es una persona sola, aislada de los demás, y no tiene con quién compartir todo lo que ha logrado, ha alcanzado un éxito sin sentido. De igual manera, si para alcanzar el éxito has tenido que hacer añicos a los demás, te conviertes en un jugador que ha violado las leyes del juego; como quien saca la pelota con un bate de corcho o usa esteroides o cualquier otro tipo de trampa, haces que el juego carezca de sentido y equidad.

Amar es el primer mandamiento

En una ocasión, un maestro de la ley religiosa se acercó a Jesús y le preguntó:

—De todos los mandamientos, ¿Cuál es el más importante?

Jesús contesto:

—El mandamiento más importante es:...«Amarás al Señor tu Dios con todo tu corazón, con toda tu alma, con toda tu mente y con todas tus fuerzas.» El segundo es igualmente importante: «Amarás a tu prójimo como a ti mismo.» Ningún otro mandamiento es más importante que éstos. (Marcos 12:28–31 LBLA)

En esto se basa toda la ley de la vida. El Señor mismo dice, debes procurar amar y ser amado. Eso es lo que le otorgará sentido y orden a lo demás. Es el mismo Señor Jesús quien nos enseña que la vida no cobrará sentido hasta tanto no se aplique la Ley del Amor. No importa lo intelectual que tú pudieras ser, todo lo rico o lo grande porque el amor te puede poner de rodillas.

Si observas a un abuelo jugando con sus nietos: va por toda la casa riendo y corriendo, y aquel rígido hombre, que posiblemente nunca fue flexible ante sus hijos, hoy tiene que doblegarse ante la sonrisa de un nieto. De igual forma, los hombres más ásperos, más rudos y quizás los más temidos, lloran como niños cuando se les toca su familia.

En los tradicionales libros del éxito se habla de lograr el éxito económico, el éxito en la empresa y cómo lograr el éxito, en sentido general. Pero el amor es excluido por completo de la mayoría de los textos. Se entiende que el tópico es muy cursi para tratarlo en libros tan importantes como esos. Por eso hablamos de «leyes escondidas», porque esta ley del éxito no es la que estamos acostumbrados a escuchar ni a leer.

Cuatro condenas por no cumplir la Ley del Amor

UNA - La Soledad

Las personas que se niegan a amar están condenadas a vivir

en soledad. Hay pocas condenas que se igualen a la soledad. Se puede soportar mientras haya distracciones, pero si éstas desaparecen, tú serás una persona muy triste y desafortunada.

En la mayoría de los casos la soledad es producida por no cumplir con la Ley del Amor. Ciertamente, los hijos se van luego que se hacen adultos, pero la relación que estos hayan tenido con sus padres hará que tengan mayor o menor compromiso para compartir su tiempo con ellos en el futuro. Si enseñamos a nuestros hijos que el amor es algo secundario, que el tiempo que se dedica a compartir con el círculo íntimo es algo relegado a un segundo plano, entonces cuando sean adultos se comportarán de la misma forma. Si tú no manifiestas tu necesidad de compartir con las personas, la soledad es tu destino final.

DOS - El Rechazo

Una persona que viola la Ley del Amor es rechazada constantemente. De repente los demás no quieren compartir con ella y quizás se desconozca el motivo, pero lo real es que en algún sentido esa persona no ha tomado en cuenta el imperio de esta ley.

Hay muchas razones por las que las personas son rechazadas; sin embargo, una cosa es ser rechazado y otra es sentirse rechazado. La diferencia es muy clara: Cuando tú te amas a ti mismo regularmente podrás superar todo sentimiento de rechazo; sin embargo, mientras menos te amas a ti mismo, más dificultades tendrás para superar el sentimiento de rechazo. En el libro El Caballero de la Armadura Oxidada se presenta el siguiente diálogo:

—Cuando nací creí ser un niño hermoso hasta que la niñera me dijo que era muy feo.

El sabio le contestó: —Si realmente te hubieras sentido hermoso, no te hubiera afectado. (Fisher, 1999)

La razón fundamental por la que una persona es rechazada es porque en el fondo se rechaza a sí misma. He visto personas cuya apariencia física no es agradable a nuestra forma de ver; sin embargo, la manera en la que se proyectan hacia los demás les permite tener excelentes relaciones. De igual forma, he visto personas que son muy bien parecidas, pero producen rechazo. En esencia, el rechazo no es producido por la forma en la que tú te ves, es producido por la forma en la que tú te sientes.

Quienes violan la ley del amor tienden a ser personas rechazadas y esto a su vez los hace ser infelices.

TRES - La falta de Plenitud

Cuenta la historia que una persona andaba buscando agua y en lugar de agua encontró petróleo: se hizo rico, pero murió de sed.

Imagínate que te tocara la oportunidad de vivir solo en el mundo, y que todo lo que hay sea suyo. Son tuyos todos los bancos de la tierra, todas las fábricas, todas las propiedades; en fin, te hemos regalado el planeta para que puedas disfrutar de él sin limites. ¿Qué te parece la experiencia? ¿Cómo sería un mundo para ti solito, sin ninguna otra persona con la cual compartirlo?

Me parece muy escasa la posibilidad de que alguien con sus facultades plenamente desarrolladas pueda desear un estado de vida como ése, lo que nos dice que la vida no se hace plena al momento de tenerlo todo, se hace plena cuando se conjugan una cantidad de variables, dentro de las cuales juegan un papel central: las necesidades de relacionarnos y de sentirnos apreciados.

La falta de amor hace que las personas vivan a medias; se pierden de la parte más hermosa del vivir. Para los supuestamente más afortunados sólo es importante lo que pueden palpar y ver.

La forma en la que ven las cosas les hace perder los mejores momentos de la vida. Esos son los que nunca pueden ver la presentación de un hijo en el colegio, se pierden la graduación de último año, no pueden asistir a una reunión de padres. Ellos están ausentes de los momentos cumbres de su círculo familiar íntimo.

Si llegaras a tener 80 años, difícilmente extrañarás tu cuenta bancaria, difícilmente te hagan falta las más suculentas comidas o cualquier otra cosa que tenga que ver con lo material. Es casi seguro que no extrañes una oficina llena de reconocimientos, pero sí el abrazo caluroso de tus seres queridos. Lo que la gente extraña a esa edad es el tiempo, tiempo para compartir, para disfrutar plenamente la vida con los seres que ama.

Mi suegro estuvo un tiempo enfermo antes de morir; en los últimos días se le observaba una mirada lejana, y se veía pensativo. Al mi esposa preguntarle que en qué pensaba, él, acariciando el rostro de su hija, respondió: «Pienso en esto (refiriéndose a su enfermedad) y pienso en ustedes». Recuerdo que ya no le importaba mucho lo que tenía alrededor, sino a quiénes tenía alrededor, y llamaba por teléfono constantemente a sus hijos y a su familia de origen.

Los sentimientos

Las personas están diseñadas para tener sentimientos y uno de estos sentimientos es el amor. Si una persona no puede amar, en algún sentido se ha distorsionado el propósito de Dios sobre esta persona.

En una ocasión vi un comercial de televisión que presentaba a un grupo de personas dándole golpes a una piñata, y donde había un texto que decía: «Cuando maltratamos los niños y no les damos amor, los hacemos vacíos por dentro». Y esto es lo que pudiera pasar con algunas personas que en su transitar por la vida hayan pasado por las manos de personas que los maltrataron de tal forma que no sienten amor por nada ni por nadie. Es lamentable que la plenitud de la vida huya de estas personas; sin embargo, no todo está perdido, hay poder en Jesucristo para sacar a la gente de un abismo que los consume al margen de todo disfrute.

CUATRO - Deterioro de la Familia

Si en un buscador de Internet colocas la frase: «Falta de amor», te darás cuenta de las horrendas consecuencias que ocasiona a las personas no pertenecer a una familia donde fluya el amor.

Una de las consecuencias más notable es el uso de las drogas. Hay una alta relación entre el abuso de las drogas y la falta de amor en el seno familiar. Un artículo de un periódico mexicano expresa que: «Falta de amor provoca farmacodependencia.»

La farmacodependencia es el hábito de consumo de sustancias tóxicas o estimulantes, que se convierte en una adicción, causando, a la larga, daños neurológicos a las personas. El tratamiento de rehabilitación incluye: reconocimiento del problema, desintoxicación, apoyo y abstinencia. Este mal social, considerado ya un problema de salud pública, afecta a todos los sectores de la población, sin importar edad, nivel socioeconómico ni sexo.

Si no dedicas tiempo a compartir y transmitir amor a tus hijos, podrías estar induciéndolos a que busquen llenar el vacío con otras cosas, dentro de las cuales, por supuesto, pueden estar las drogas.

Amor por regalos

Cuando el padre no puede suplir el tiempo y el cariño necesario para su familia, busca sustitutos como la compra masiva de regalos, incluidos juguetes y dulces, y promesas de viajes. Esto puede hacer que tu hijo pare de llorar, pero el vacío que se va creando en la familia nunca desaparece, lo que quiere decir que el amor es insustituible. Un hijo disfrutará más de la presencia de su padre que de sus hermosos regalos.

Si el padre no entiende que es urgente que cumpla con la Ley del Amor, corre el riesgo de que todo aquello por lo cual está tan afanado pueda carecer de sentido: cuando le comuniquen que su hijo está en drogas, o que le va mal en la escuela, o que tiene una actitud violenta, entonces sabrá las terribles consecuencias de su descuido.

Cuando nuestros hijos no son lo que esperamos que sean, nos decepcionamos y nos preguntamos qué sentido tiene seguir esforzándonos.

Dos curas para la falta de Amor

CURA Nº 1- Detente

Toda la tecnología de hoy, en lugar de hacer que los seres humanos se comuniquen más, ha provocado que haya menos comunicación real. Observas cómo las personas andan por las calles con un bluetooth, como si fuera un anexo del oído mismo. Se hacen esclavos de la tecnología, y extraños de la comunicación. Lo que realmente pasa es que la tecnología hace que todo sea más rápido, obviando que la comunicación necesite tiempo.

Si quieres que tus hijos se comuniquen contigo, no lo puedes hacer a la velocidad de la tecnología; tendrás que esperar. Todo el tiempo las personas se están comunicando; sin embargo, para poder oírlas, necesitarás detenerte.

Hay mucha tecnología y bastante opciones de entretenimiento, lo que provoca que en vez de estar todos en una determinada parte de la casa, compartiendo, algunos estén en el Internet, otros en la televisión, otros con un video juego, y otro en una oficina de la casa chequeando su trabajo del día siguiente.

El amor necesita que te detengas a establecer prioridades en tu vida, definir qué es lo que más importa. Increíblemente, las personas por dinero y «éxito» están decididas a muchas cosas. En una ocasión el padre Jeremías escribió lo siguiente a un empresario: «El "negocio" más importante son los hijos». (McMillen, 1963)

CURA N° 2- Perdona

«El odio provoca peleas, pero el amor cubre todas las ofensas». (Proverbios 10:12 LBLA) La palabra perdón se compone de otras dos: el prefijo latino per y el verbo latino donāre, que significan, respectivamente, «a través de», y «dar». (Diccionario de la Lengua Española — Real Academia Española) Como hemos dicho, la causa principal para carecer de amor viene desde nuestra familia porque es allí donde se construye la base para que una persona pueda o no dar amor a otros.

Perdona a tus padres

Cuando una persona tiene heridas de sus padres, les resultará muy difícil perdonar a los demás. Las primeras personas dentro de tu lista de perdón, deben ser tus padres. No siempre es fácil poder perdonar a nuestros padres, porque en ocasiones hay quienes han sido muy lacerados; sin embargo, lo cierto es que hasta tanto tú no logres dar este paso, la vida se te tornará un tanto amarga en lo que a relaciones se refiere.

Cuando las personas no perdonan a sus padres tienden a ser seres muy amargados. Recuerdo una joven a quien le tengo mucho aprecio: sus profundas heridas la hacían ser una persona altamente conflictiva y desconfiada. Ella podía tener conflictos con todos los seres humanos que se le aproximaban, y la razón fundamental era su amargura y su desconfianza.

En una ocasión, la joven lloraba en mi oficina diciéndome que no podía confiar en nadie porque todo el mundo la había engañado. Su padre la engañó llevándola a vivir a un lugar con alguien que también la engañó. Esta conversación era frecuente y siempre repetía las mismas frases: «No puedo confiar en nadie. Mis padres me engañaron».

Las heridas que causan los maltratos de los padres a los hijos son las más difíciles de curar y hasta tanto las personas no entiendan que perdonar no es una opción, sino un mandato que debemos cumplir por el bienestar de nosotros mismos, su vida estará marcada por el dolor y el deterioro de las relaciones con sus seres queridos.

Las características del Amor

El amor es paciente, es bondadoso. El amor no es envidioso ni jactancioso ni orgulloso. No se comporta con rudeza, no es egoísta, no se enoja fácilmente, no guarda rencor. El amor no se deleita en la maldad sino que se regocija con la verdad. Todo lo disculpa, todo lo cree, todo lo espera, todo lo soporta. (1 Corintios 13:4–7 NVI)

El amor es sufrido

El sufrimiento es el costo que muchas ocasiones hay que pagar por el amor. Cuando usted ama a alguien debe estar dispuesto a sufrir. Si su amor sustrae de la mente la posibilidad del sufrimiento, entonces este se convierte en un amor circunstancial, lo cual no es amor; yo lo describo como una pasión interesada cuando hay algún tipo de disfrute y como una hipocresía cínica, cuando no hay ningún tipo de disfrute sino la apariencia de amor.

Si subiendo la montaña uno de los tuyos se accidenta y tú no te detienes a curarlo, no te identificas con el dolor ajeno, entonces estas violando la ley del amor, la cual dice que el amor es sufrido. Cuando estas dirigiendo el grupo a la cima hay dos cosas a contemplar en el viaje: primero, los que suben deben estar dispuestos a pagar algún tipo de sufrimiento por el camino, y segundo, los que dirigen deben estar dispuestos a perder algo de terreno en pos de atender aquellos cuyo sufrimiento amerita que nos detengamos un momento.

Lo que pasa en la vida real es que en busca de nuestro éxito nos olvidamos del sufrimiento ajeno, y del nuestro inclusive; entendemos que el sufrimiento es debilidad, y el «éxito corriente» es para personas fuertes.

Pero es bueno que entiendas que no todos en tu equipo tienen las mismas fuerzas que tú, y que debes identificarte con el sufrimiento ajeno a tal punto que deberás sentirlo como el tuyo propio. Si no sufres no amas, y si no amas no hay «éxito integral».

El amor es benigno

Cuando estamos esperando unos resultados de algún tipo de prueba, esta es la respuesta que queremos oír: «Es benigno». La benignidad es una palabra hermosa; deja dicho que algo es en esencia bueno, no hay malignidad en su contenido ni en sus intenciones. Esta es una expresión que nos cuestiona, nos invita al autoanálisis y a escudriñar muy en lo profundo cuánto de benigno tiene todo lo que estoy haciendo, todo lo que estoy pensando hacer y todo lo que he hecho.

Si usted ha sido exitoso hasta hoy en el área tangible de su vida, mi deber es llamarte a reflexión y preguntarte, ¿has sido benigno? ¿Has triunfado haciendo cosas que benefician a los demás? ¿Cómo pueden llamarse hombres exitosos los que hacen sus fortunas a cambio de la muerte de otros? ¿Cómo podemos tener como modelos mundiales a personas cuyo ejemplo de vida nos lleva a una vida más depravada, a la lascivia?

El amor es benigno, y si realmente amamos, nuestros actos deben al menos buscar la benignidad.

El amor no tiene envidia

Si es la envidia lo que te mueve a ser exitoso, entonces, este es un éxito vacío y logrado por uno de los sentimientos más desagradables que un ser humano puede albergar en su corazón. Este sentimiento te corroe, te destruye interiormente y te hace actuar de tal manera que aun tú no te conocerás. El amor no puede tener envidia, porque la envidia no deja que las personas amen.

Si estás logrando tu éxito, y la envidia es lo que te mueve, entonces al final te darás cuenta que todo tu tiempo ha sido mal empleado, porque tendrás un éxito sin amor y el éxito sin amor no es éxito.

El amor no es jactancioso

Cuando vemos nuestros astros hollywoodenses hablar de sus mansiones, o vemos a los políticos, deportistas o empresarios, hacer de sus posesiones algo para humillar a los demás, o para demostrar que tienen más que los otros, estamos hablando de jactancia. La jactancia es la mayor confesión de la ignorancia. El ser ignorante se jacta de lo que tiene, como niño con juguete nuevo. La jactancia nos hace petulantes y presumidos.

Evita que al lograr el éxito te conviertas en una persona que se jacta de las cosas que has logrado, y esto te haga perder la perspectiva. El amor, en cambio, es humilde y ser humilde te hace mas pleno, más sencillo y una persona más agradable.

El amor no se envanece

Hacernos arrogantes y orgullosos es uno de los peligros que trae consigo el éxito. El envanecimiento es hacernos vanos. Las personas vanas se hacen vacías, se hacen a sí mismos seres huecos, los cuales viven sólo de la apariencia.

En una ocasión iba a entrar a un restaurante con un amigo. Como un acto gentil me quité la chaqueta que llevaba puesta, ya que él iba a cuerpo de camisa. Le comuniqué que lo hacía, para que estuviéramos iguales. El me contestó: «No te preocupes una camisa como esta, vale más que una chaqueta». A eso llamo envanecerse: cuando se nos olvida incluso los gestos de humildad que hacen las personas que nos rodean y en cambio los tratamos con desdén y falta de interés.

El amor no hace nada indebido

Esto es una cualidad muy parecida a la benignidad. Pero como una forma de ratificarnos la amplitud del amor, al autor del texto nos la plantea, y esto nos llama la atención de lo sublime de esta corta palabra. ¿Qué tiene que ver hacer algo indebido con el amor? Bueno cuando hacemos lo indebido, ponemos en riesgo a las personas que amamos. Es muy penoso que tu nombre salga en los periódicos, o en cualquier lugar como una persona que hace lo indebido.

No busca lo suyo

¿Cómo podemos decirle esto a algunas personas que hemos conocido, si la primera frase en una negociación es: «¿Qué hay para mí?» lo cual no es malo preguntar. A lo que el texto se refiere es al egoísmo, es hacer las cosas sólo cuando hay un beneficio para sí. También esto quiere decir estar con alguien sólo por el interés que tenemos de beneficiarnos de esa persona.

Esta actitud hace que las personas se olviden de sus seres

queridos y se concentren solo en aquellos seres humanos que le pueden aportar algo. Nos olvidamos de que hemos nacido en una familia, no solo para recibir, sino también para dar, pero cuando solo buscas lo tuyo, se te atrofia la capacidad de enfocarte en la necesidad del otro, aunque estos estén muy cerca de ti.

No se irrita y no guarda rencor

Quise poner estas dos características juntas, porque una es parte de la otra. El rencor es la frontera de la irritación. Cuando el apóstol habla de irritarse, no se refiere al hecho de una irritación simple como la que todos sentimos de vez en cuando. Él mismo lo revela en otro texto cuando dice *«airaos, pero no pequéis».* (Efesios 4:26 RVR 1960)

Hay personas que están profundamente heridas; estas heridas le llevan a ser seres que actúan a la defensiva. Son personas que están irritados por adelantado, están irritados por dentro y su irritación se hace manifiesta al menor momento.

Este era el caso de Jonás, a quien Dios le dice: *¿Haces tú bien en enojarte tanto?* (Jonás 4:4 RVR 1960) Esta es la irritación que va con las personas, y un ser que tiene amor, que practica la ley del amor, debe buscar la manera de descubrir sus heridas interiores, las cuales lo llevan a irritarse con mucha facilidad.

El guardar rencor es la evidencia de que nuestra irritación no es una irritación común y corriente. Cuando las personas guardan rencor ponen en riesgo su éxito. El rencor no deja que las personas avancen en la vida. Cuando tu vida está llena de este veneno que se llama rencor, lamentablemente la plenitud, la felicidad y el disfrute de las cosas buenas de la vida, sólo duran hasta que algo te trae a la mente a esa persona o a ese momento.

Si la persona guarda rencor, es como guardar algo podrido en nuestra casa; el olor en algún momento saldrá y afectará todo el medio ambiente. El rencor tiene un olor desagradable y contaminante. No es posible que alguien guarde rencor y esto no se manifieste en otras áreas de su vida.

No se goza de la injusticia

Esta es la última cosa que no debe hacer el amor, gozarse de cosas que son injustas. Cuando estuve en la universidad estudiando derecho, aprendí que una cosa es la ley y otra cosa la justicia. Aprendí que no siempre las leyes son justas. Las leyes en muchas ocasiones son establecidas por el poder, por el dinero y por los intereses, por lo tanto no siempre son justas.

Pero el amor es diferente; el amor nos ayuda a tener un espíritu de justicia. La justicia no piensa en el beneficio personal o el interés particular, piensa en lo que es justo y lo justo es dar a cada uno lo suyo.

Una de las cualidades más deseables en los hombres de éxito actuales es el espíritu de justicia. Si los hombres de «éxito» de la actualidad fueran justos, muchas de las calamidades que hoy sufre la humanidad no estarían presentes. Tendríamos una tierra mas limpia, tendríamos una mejor repartición de las riquezas, habría mejores sistemas de salud a nivel mundial, las naciones pobres no tendrían tanta corrupción y las ricas fueran mas generosas. En fin, la justicia cambia muchas cosas. Por eso el amor jamás se puede sentir alegre con la injusticia y espero que tú tampoco.

Se goza de la verdad

Gozarse en la verdad debe ser un anhelo de todo ser humano. Jesús dijo: «*Yo soy el camino, y la verdad y la vida*», (Juan 14:6 RVR 1960) lo que quiere decir que la verdad primera y la verdad pura se encuentra en la persona de Jesús. Si usted se goza en la verdad, deberá gozarse en Jesús, porque él es la verdad.

Llevando al plano más humano, debemos decir que si al menos los hombres de éxito buscaran decir la verdad, estarían dando un gran paso. La verdad ha sido atacada siempre; muchos presidentes, empresarios, en fin los hombres que se llaman exitosos, han construido sus imperios sobre la mentira. Por eso ellos podrán tener dinero, pero no riquezas; podrán tener fama, pero no prestigio, esto es éxito letal pero no éxito integral.

Si al construir nuestras familias y nuestros negocios nos esforzamos en construirlos sobre la roca del amor, al cabo de los años tendremos familias y empresas más sólidas y que hagan mayores aportes a la humanidad, que tanto lo necesita.

Concluyendo, debemos enfatizar que no es posible que tengamos éxito integral, dando la espalda a la ley del amor. El hombre mientras mas éxito tiene mas sensible y obediente debe hacerse de la ley del amor. De lo contrario, puede irse envaneciendo y el resultado final es un Hitler, Stalin, Nerón u otros tantos ejemplos a quienes el poder sin amor les hizo perder la perspectiva y convertirse en bestias. Ver la ley de la perspectiva.

Reiteramos, que no importa lo que logres en la vida; si no tenemos amor, ni a quien amar, somos artefactos vacíos «címbalo que retiñe». El amor es el perfume del éxito.

Una de las evidencias del éxito de Jesús, fue la muestra de amor de su gente. La gente amaba a Jesús, iba en su busca y sus discípulos estuvieron dispuestos a dar sus vidas pacíficamente, por amor a Jesús.

Que la gente te quiera es más importante a que la gente te alabe.

Que la gente te quiera es más importante a que la gente te envidie.

Que la gente te quiera y que tú puedas querer es el acto más sublime al que puede aspirar cualquier ser humano.

Quiero compartir contigo un pequeño escrito que me enviaron vía E-mail.

La inteligencia sin amor, te hace perverso.
La justicia sin amor, te hace implacable.
La diplomacia sin amor, te hace hipócrita.
El éxito sin amor, te hace arrogante.
La riqueza sin amor, te hace avaro.
La docilidad sin amor, te hace servil.
La pobreza sin amor, te hace orgulloso.
La belleza sin amor, te hace ridículo.
La autoridad sin amor, te hace tirano.
El trabajo sin amor, te hace esclavo.
La simplicidad sin amor, te quita valor.
La oración sin amor, te hace introvertido.
La ley sin amor, te esclaviza.
La política sin amor, te hace egoísta.
La fe sin amor, te deja fanático.
La cruz sin amor, se convierte en tortura.
La vida sin amor.... No tiene sentido.

(Teresa de Calcuta)

LA LEY DEL
HONOR

Cuando el boxeador de New Jersey, apodado «El Huracán», fue llevado a prisión injustamente, éste dijo lo siguiente: «No vestiré traje de rayas; soy un prisionero, pero no soy culpable». Este acto de rechazo le costó más de tres meses en celdas de castigo, pero al final hubo que buscar una solución al problema, porque aquel hombre no cedió; para él su honor estaba por encima de su vida y su comodidad. Aceptó un uniforme de enfermero el cual no tenía número ni rayas, pero no un uniforme de preso. (Jewison, 1999)

La Biblia dice: *Vale más la buena fama que las muchas riquezas, y más que oro y plata, la buena reputación.* (Proverbios 22:1 NVI)

Como siempre, no se equivoca: tener un buen nombre es algo que supera a la posesión de dinero. El dinero perece con nuestra muerte, pero el nombre permanece y hace que nuestros hijos, nietos y demás descendientes se sientan orgullosos de nosotros.

La Biblia dice: *La memoria de los justos es una bendición, pero la fama de los malvados será pasto de los gusanos.* (Proverbios 10:7 NVI)

Pepín Corripio, uno de los hombres más ricos de América Latina, fundador y presidente de más de 80 empresas, todas exitosas, dijo lo siguiente en una conferencia: «El éxito económico es el más transitorio de los éxitos». Es por eso que en este momento queremos hacer referencia a la Ley del Honor como algo a lo cual tú debes aferrarte si realmente quieres ser un hombre o una mujer con éxito integral.

Honor es que ningún hombre tenga que darte ni otro tenga que quitarte. Honor es un regalo que te haces a ti mismo. Esta es una frase pronunciada por un escocés llamado Robert Roy MacGregor, a quien la defensa de su honor casi le cuesta la vida en el año 1713. (Caton-Jones, 1995)

Hay quienes dicen a sus hijos: «Hijo, ve y haz dinero honradamente, y si no puedes, haz dinero». Sobre esta base, muchas familias envían a sus hijos a la sociedad, lo que quiere decir que muchas sociedades están construidas bajo un sistema de valores donde la mayor ponderación la tiene el dinero, por lo que, según ellos, se puede negociar cualquier cosa, menos la posibilidad de no tener dinero.

El honor es más que el dinero. Honor es el hecho de que tus hijos puedan decir con orgullo que tú eres su progenitor, que tu nombre no sea una vergüenza para ellos. Tus hijos podrán amarte siempre a pesar de lo que tú seas; en cambio, no siempre se sentirán orgullosos de lo que tú eres o lo que tú haces.

¿Qué es el Honor?

Quiero hacerte una pregunta: ¿Puedes confesarles a tus hijos cada cosa que haces? ¿Podrás explicarles sin temores cuál es tu día a día? Ahora profundicemos un poco más, hablemos de tu vida de forma general; si tuvieras una pantalla gigante y en esa pantalla se reflejara todo lo que eres y lo que has sido en los últimos 20 años, ¿permitirías que tus hijos la vieran con toda libertad, o hay algunas escenas que preferirías editar y sacarlas de la cinta? Cuando yo hablo de honor me refiero a esto, a la transparencia que nos da una vida de conducta íntegra.

El honor es la única cosa que nadie puede robarle a nuestros hijos. El honor es la carretera por donde transitarán tus dependientes. El día en que tú partas de este mundo, trata de haber construido un camino que les sea cómodo a tus descendientes. Es muy duro que ellos caminen por un camino lleno de hoyos e inseguridades dejadas por una vida sin honor.

Nada es tan bochornoso para nuestros hijos que una herencia sin ningún tipo de honor. Sin embargo esto sólo es importante si estos hijos han sido criados en un ambiente donde el honor es parte de los valores fundamentales de ese hogar. Hay padres que no cultivan el honor en la familia; para sus hijos la palabra honor no vale nada.

Cinco cualidades de las personas de Honor

CUALIDAD Nº 1 - Cumple con su palabra

Supe la historia de un hombre que le prometió a su mejor amigo que lo enterraría en el lugar de su nacimiento. El único problema era que en esos tiempos no había carro fúnebre y la distancia era de más de 300 kilómetros, por lo que el viaje tuvo que hacerlo a caballo. Cuando iban a mitad de camino, una persona se aproximó al señor y le preguntó:

—¿Cuál es la razón por la que tenemos que ir tan lejos a enterrar a tu amigo?

A lo que él le contestó:

—Porque le di mi palabra.

—Se nota. —dijo la persona, y se retiró.

Para muchos, el dicho de que «las palabras van al aire», se les vuelve un modo de vida. Estos entienden que la palabra «empeñada» no vale nada. «Si tú no lo escribiste, es como si no existiera», y eso los lleva a ser personas que irrespetan cualquier acuerdo sin importar lo que los demás digan de ellos.

El cumplimiento de la palabra es una de las mayores virtudes que tiene un hombre, porque esto le hace responsable de sus dichos y lo hace esforzarse para cumplir lo prometido.

Personalmente, tengo un principio para hacer negocios y es el hecho de que hay personas con las cuales no hago negocio, no importa qué tan favorable pudiera ser para mí el hacerlo. Simplemente entiendo que cuando una persona no tiene honor, no vale la pena hacer negocios con ella, porque en algún momento las cosas saldrán mal y es muy posible que el beneficio que haya obtenido en dinero, lo pierda en crédito o en calidad de vida por negociar con personas para quienes la palabra dada no tiene ningún valor. Mi opinión es que una persona que no es capaz de cumplir un acuerdo verbal, tampoco será capaz de respetar un acuerdo escrito.

¿Por qué la gente no cumple con su palabra? Porque en un momento dado no le conviene o no se siente cómodo haciéndolo.

La Biblia dice que el justo es *«El que aun jurando en daño suyo, no por eso cambia».* (Salmo 15:4 RVR 1960) Este es el punto: si en ocasiones ves que las cosas no andan bien, y que por alguna razón lo que prometiste ahora no te conviene, ¿cuál debe ser tu actitud? Bajo el esquema de que las palabras van al aire, porque son del aire, lo que la gente hace comúnmente es que, de inmediato, busca la salida más fácil a la situación: «Se me olvidó». «No puedo». «Eso no fue lo que yo dije». «Así no es posible». «Lo que ocurre es...»

Estas actitudes están en la naturaleza del ser humano: el no cumplir con lo prometido, o cambiar cuando las cosas son diferentes. Sin embargo, bajo el sistema de valores del honor, tú debes honrar tu palabra y, si no puedes porque has jurado en tu contra, da la cara y asume las consecuencias, pero no atribuyas a otros las razones de tu error.

Una regla importante para poder cumplir con la palabra es no comprometerte más allá de tu capacidad. Tengo en mi vida una filosofía en la que entiendo que hay dos formas de mentir: la primera es mintiendo; es decir, diciendo algo que es falso como si fuera una verdad. La segunda es haciendo que nuestras promesas se conviertan en mentiras. A esto yo le llamo «hacer una mentira».

Este último caso es cuando no haces todo lo posible para que algo ocurra y luego dices «que no se pudo», «que las circunstancias me lo impidieron», etc. Hacer que tus promesas se conviertan en una mentiras es hacer que tus promesas se hagan vanas. Es por ello que, antes de comprometerte con algo, piénsalo muy bien porque puedes poner en juego tu palabra, incluso tu patrimonio.

Recuerdo también que, en una ocasión, le dieron a mi padre más de 30 cajas de tenis para ser repartidas a los pobres de nuestra comunidad. En ese momento pensé: «Jamás se me acabarán mis tenis; por lo menos hasta que tenga 30 años, tendré tenis....» Mi padre volvió a darme una lección: nos regaló un par de tenis a cada hijo, y entregó hasta el último par a los pobres de la comunidad.

Cumplió con su palabra

Un padre le dice al hijo: «No importa lo que pase, siempre que me necesites, llámame; yo estaré allí. Siempre estaré pendiente de ti y estaré contigo. Haré todo lo que sea necesario para encontrarte».

Un terremoto afectó la ciudad, y la escuela donde estudiaba el niño se desplomó dejándolo sepultado bajo toneladas de rocas. El padre corrió desde su trabajo hasta la escuela y cuando se dirigía hacia los escombros, los policías intentaron detenerlo, por lo que él les dijo: «Le prometí a mi hijo que yo estaría con él en medio de sus dificultades y que siempre que me necesitara, que simplemente me llamara y yo estaría ahí.»

Se subió sobre las rocas y empezó a quitar uno por uno los escombros en donde estaba el aula de su hijo. Luego de un tiempo, los bomberos vinieron y le conminaron: «Señor, es imposible; hay demasiadas rocas. Por favor, retírese del área. No hay posibilidad de vida». Pero él continuó levantando rocas. Luego de horas de labor continua, sus manos estaban laceradas y sangrantes. Las personas volvieron a acercársele para pedirle que descontinuara la búsqueda, y él les contestó: «Espero que vengan a ayudarme».

Luego de largas horas, el hombre empezó a escuchar voces en la profundidad, y, de igual manera, empezó a gritar. Cada vez se hacían más claras esas voces hasta que, por fin, se escuchó una voz que decía: «Papi, ¿eres tú? Sabía que vendrías. Tú me lo prometiste. Le dije a mis amigos que tú vendrías.» Más de ocho niños sobrevivieron sólo por la esperanza de un niño que tenía fe en que su padre cumpliría su palabra.

Los hombres de honor cumplen su palabra, no sólo cuando las cosas son favorables; la cumplen aún cuando las cosas no están a su favor.

CUALIDAD Nº 2 - Las personas de honor hacen lo correcto

El idioma español, que es muy rico en frases, tiene un refrán que reza de la siguiente forma: «La soga se parte por lo más fino». Esto intenta decir que cuando las cosas salen mal, lo importante no es hacer lo correcto sino hacer lo que afecte menos nuestros intereses.

Hay una película protagonizada por John Travolta, que se llama «La hija del general». Representa la vida de una joven que fue violada en una escuela de entrenamiento militar por un grupo de compañeros, quienes se sentían humillados por su destreza.

Cuando el caso toma cuerpo, se llama al general, su padre, y se le presentan dos opciones: hacer pública la situación y poner a la academia en tela de juicio, u ocultar la situación a cambio de que la carrera de aquel general no se vea manchada.

El general prefirió que la soga se rompiera por lo más fino y ocultó la situación, lo que generó una depresión profunda en su hija y un rencor interior que la llevó a la muerte por la manera en que manejó sus aflicciones interiores.

Finalmente una corte marcial condenó al general por ocultar información y por faltar al honor, perdiendo todos sus méritos. Pero, sobre todo, terminó mancillando su honor y con la acusación de su conciencia, diciéndole que no hizo lo correcto y que llevó a su hija a la muerte. (West, 1999)

No eches agua al vino. Hacer lo correcto nos enfrenta a personas que gustan de la frase: «Echar agua al vino». Es la tendencia natural a no dar importancia a las cosas que sabemos que están mal, por no afectar a alguien o a nosotros mismos.

Afrontar las situaciones que nos trae la vida es sumamente difícil. No siempre podemos garantizar que estaremos de pie cuando los tsunamis de inmoralidad nos arropen. Muchas veces hacer lo correcto nos lleva a que pongamos en juego hasta la estabilidad de nuestra familia, y cuando sientes el frío suelo de la necesidad tocando tus puertas, resulta muy difícil hacer lo correcto.

Es por ello que debemos pedir a Dios que nos dé la integridad y la capacidad de hacer las cosas correctamente a pesar de las circunstancias.

CUALIDAD № 3 - Las personas de honor son leales a sus relaciones

Uno de los grandes retos del honor es la lealtad que debemos mantener con nuestros relacionados. Ser leal es una cualidad muy especial de cualquier ser humano. Ser leal es poner en una balanza nuestro amor y respeto a una persona con nuestro interés personal ante una tentación, presión o amenaza.

La Biblia cita la vida de un hombre llamado José, el hijo de Jacob, quien fue vendido por sus hermanos; sin embargo, su fidelidad a Dios lo llevó a ser el segundo hombre en la empresa de un señor llamado Potifar, oficial del Faraón, capitán de la guardia egipcia.

Aquel joven se destacó y llegó a ser el hombre de confianza de Potifar. Por tal razón, Potifar lo nombró como vicepresidente ejecutivo de Potifar Company LTD; es decir, lo hizo mayordomo. Justo en ese momento viene la tentación: la esposa de Potifar le propone tener relaciones sexuales. No puedo hacer conjeturas sobre cómo era la esposa de Potifar, si era hermosa o si carecía de algún tipo de atractivo. Lo que sí puedo decirte es que para todo hombre una mujer que lo provoque deliberadamente representa una gran tentación.

Cuando a esto se suma el hecho de estar solos, y tener el temor de que esa persona ejerza alguna represalia en su contra si no hace lo que se le pide, entonces se presenta una excelente excusa para aceptar la oferta. Sin embargo, nada de aquello se sobrepuso al sentido de lealtad de aquel hombre, sino que su respuesta fue la siguiente:

Después de algún tiempo, la esposa de su patrón empezó a echarle el ojo y le propuso: —Acuéstate conmigo. Pero José no quiso saber nada, sino que le contestó: —Mire, señora: mi patrón ya no tiene que preocuparse de nada en la casa, porque todo me lo ha confiado a mí. En esta casa no hay nadie más importante que yo. Mi patrón no me ha negado nada, excepto meterme con usted, que es su esposa. ¿Cómo podría yo cometer tal maldad y pecar así contra Dios?

Y por más que ella lo acosaba día tras día para que se acostara con ella y le hiciera compañía, José se mantuvo firme en su rechazo.

Un día, en un momento en que todo el personal de servicio se encontraba ausente, José entró en la casa para cumplir con sus responsabilidades. Entonces la mujer de Potifar lo agarró del manto y le rogó: «¡Acuéstate conmigo!» Pero José, dejando el manto en manos de ella, salió corriendo de la casa. Al ver ella que él había dejado el manto en sus manos y había salido corriendo, llamó a los siervos de la casa y les dijo: «¡Miren!, el hebreo que nos trajo mi esposo sólo ha venido a burlarse de nosotros. Entró a la casa con la intención de acostarse conmigo, pero yo grité con todas mis fuerzas. En cuanto me oyó gritar, salió corriendo y dejó su manto a mi lado.» (Génesis 39:7–14 NVI)

A la cárcel por honesto

Este acto de lealtad le costó a José el ir a la cárcel. La esposa de Potifar se quejó y cambió la historia, diciendo que José quería violarla. Él no se defendió; quizás pensó que no debía provocar una situación matrimonial, y fue enviado a la cárcel. Alguien podría decir que José fue a la cárcel por ser leal; yo personalmente pienso que la lealtad se mide cuando hay algo en juego: si ser leal no pone nada en juego, entonces su lealtad no se ha puesto a prueba.

Él sabía que podía ir a la cárcel, él sabía que estaba cerca incluso de la muerte, pero si para preservar todo lo que había logrado hasta ese momento tenía que poner en juego su lealtad, prefería la cárcel. Al final vemos que las cosas no quedaron así, sino que Dios le convirtió en el hombre más importante de Egipto, después del faraón.

Manejando la presión

Otro de los inconvenientes que tiene el ser leal es la presión. A veces no somos tentados, pero sí presionados por una situación difícil, la cual nos pone ante la posibilidad de cometer el error de ser desleales, como la historia que vemos a continuación.

Sucedió que un soldado desobedeció una orden injusta de un cruel conquistador. Lleno de ira por tal desobediencia se le condenó a la pena de muerte.

—Antes de que me decapiten —pidió el condenado—, antes de morir, quiero despedirme de mis hijos, mi esposa, mis padres, mis hermanos y mis amigos, que viven en una ciudad cercana. Si se me conceden tres días iré a despedirme de mis seres queridos y luego regresaré para cumplir mi condena, y mi palabra.

—No soy ningún tonto —respondió el monarca—. Si te dejo libre, huirás burlándote de mí y de la condena; no regresarás jamás.

Ante el asombro de todos, otro joven soldado, que gozaba del aprecio del arbitrario juzgador, hizo la siguiente propuesta:

—Ocuparé el lugar de mi amigo durante los tres días que necesita para despedirse de su familia. Si no regresa a tiempo, yo moriré para que nadie quede burlado.

El joven soldado fue encadenado, mientras su amigo partió a caballo a despedirse de sus seres queridos.

Pasaron las horas y los tres días. El emperador ordenó preparar la ejecución tal como estaba acordado. El verdugo estaba a punto de soltar el golpe mortal, cuando, como un rayo, llegó el condenado a cumplir con su palabra y con la condena. Los dos amigos se abrazaron efusivamente. Ante tal muestra de elevada nobleza y honor, el cruel dictador se conmovió y dejó en libertad a ambos.

La lealtad ante la amenaza

Por último, queremos completar nuestras observaciones acerca de la lealtad, relacionándola con la amenaza. La amenaza hace que las personas pierdan la paciencia, y pierdan el respeto por sí mismos.

Los seres humanos amenazados se ven en la disyuntiva de ser leales, y muchos fallan. He visto situaciones donde a una persona se le amenaza con que puede perder el puesto de trabajo si no hace determinada cosa, y escoge traicionar sus valores antes que mantenerse firme. Desde mi óptica, traicionar a un compañero, a alguien que confió en ti, es un acto vil y deshonroso.

La lealtad es un valor que debe ser cultivado por los hombres y mujeres de honor. Esto posiblemente no te haga más rico, no te haga más famoso; quizás no te quieran más después de demostrar lealtad, pero de algo estoy seguro: tú te sentirás mejor contigo mismo y esto es lo importante. El hecho de que te vayas a la cama en paz, de que puedas estar frente a un amigo y no tener que esconder tu rostro, de que tus hijos puedan transitar libremente por la vida, sin tener que avergonzarse de un hombre que cometió un acto de traición, son testimonios de lealtad.

CUALIDAD Nº 4 - Los hombre de honor admiten sus errores y los rectifican a tiempo

Equivocarse es de humanos, admitirlo es de nobles, y pedir disculpas es de hombres de honor.

Cuando una persona falla hay varias formas de salir del

problema. Una de ellas es negando la situación, otra es ignorándola, y una tercera es admitir la falla y pedir excusas a la persona ofendida. Esto no nos hace inferiores; nos hace personas honorables y ejemplares.

En el otoño de 1982 el mercado de la medicina a nivel mundial fue conmovido por un hecho sin precedentes que dejó el mundo consternado. Ocho personas murieron al ingerir inadvertidamente píldoras de cianuro de potasio introducidas criminalmente en un frasco de un producto muy conocido en el mercado de los analgésicos. Era evidente que se trataba de un sabotaje; sin embargo, la compañía productora del fármaco tomó la decisión de recoger todos los frascos en el mercado y eliminarlos. Esto le produjo millones de dólares en pérdida; sin embargo, ellos no vacilaron en tomar la decisión, aunque la misma fuera tan costosa. Posteriormente introdujeron medidas de seguridad y protección, las cuales solucionaron el problema.

Hoy por hoy, este analgésico sigue siendo una marca mundialmente reconocida y respetada; es decir, que este acto de responsabilidad aumentó su credibilidad y la confianza de sus consumidores. (Rehak, 2002)

CUALIDAD № 5 - Los hombres de honor no huyen a sus compromisos

En una ocasión se prohibió orar por un mes en Babilonia; nadie podía arrodillarse ante otra imagen o persona que no fuera el rey. Daniel tenía el compromiso con Dios de orar tres veces al día. Era también su costumbre orar con las ventanas abiertas para hacerlo mirando hacia Jerusalén como era el mandato bíblico para lo judíos: orar en dirección al templo.

El rey firma el edicto y todo aquel que se encontrara arrodillado ante cualquier Dios o figura que no fuera la estatua del Rey, debía ser condenado a muerte. Daniel asumió su compromiso consciente de lo que esto significaba.

Analizando este hecho, toma en cuenta que el edicto sólo fue promulgado por un mes. Cuando Daniel se enteró de la publicación del decreto, se fue a su casa y subió a su dormitorio, cuyas ventanas se abrían en dirección a Jerusalén. Allí se arrodilló y se puso a orar y alabar a Dios, pues tenía por costumbre orar tres veces al día.

Daniel pudo haber esperado un mes y luego seguir orando. En segundo lugar, Daniel tenía una justificación divina para cumplir este edicto: la Ley de la Obediencia. Este edicto venía del rey, y Daniel tenía la obligación de cumplirlo.

Pero otra excusa interesante era que él podía orar con las puertas cerradas, de tal forma que nadie lo viera. Sin embargo, Daniel no evadió su compromiso, abrió sus puertas y oró.

La vida de Daniel nos enseña mucho sobre el comportamiento responsable y honorable. Ser responsables, no sólo implica nuestro compromiso ante las personas que pueden exigirnos, sino también ser responsables de nuestros compromisos aun cuando no haya nadie para exigirnos.

Daniel pudo haber actuado conforme a la realidad y la circunstancia, pudo evitar esa situación, pero su decisión estaba basada en su compromiso, no en sus posibilidades o en sus circunstancias. Él entró a su habitación, abrió las puertas y oró como era su costumbre. Sabía lo que esto podía costarle, pero cuando tenemos un compromiso, lo importante no es cuánto puede costar, lo importante es saber que de no cumplir con este compromiso, vamos a perjudicar a alguien, o nos vamos a perjudicar nosotros mismos.

Por lo que, independientemente de cuáles sean las circunstancias, nuestro compromiso debe estar por encima incluso de nuestros propios sentimientos. Los sentimientos hacen que las personas olviden sus compromisos y actúen conforme a lo que sienten, no conforme a lo correcto.

El Honor y la Integridad

«El hombre honesto no teme la luz ni la oscuridad».

Miguel de Cervantes y Saavedra

Si tomas una piedra de la montaña y la comparas con una piedra del río, te darás cuenta de que son diametralmente distintas. Las piedras de las montanas primero son deformes y más que esto, cuando tú las golpeas con un martillo se desmoronan con mucha facilidad. Tienen muchos orificios y son fáciles de quebrantar. Las piedras del río, por el contrario, son extremadamente duras y cuando tú les das con un martillo, difícilmente podrás demolerlas; lo normal sería que se partieran en dos. Estas piedrecillas son las que dan origen a la palabra integridad.

La palabra integridad tiene como fuente la raíz griega integritas, que significa algo que es uno, tiene una sola parte, es un entero, no se fracciona. El concepto integridad se aplica a las personas que son lo mismo que aparentan ser. Se emplea para referirnos a personas que son lo mismo en público que en privado; personas que no tienen nada que esconder, que son transparentes. Tú puedes estar seguro de que no encontrarás sorpresas en ellos.

La integridad sugiere que las personas deben respetar los matrimonios de los demás. Que los jefes deben respetar a sus asistentes, que los asistentes deben respetar a sus jefes. Que la empresa es un medio para crecer íntegramente, no sólo para crecer económicamente.

Podemos ver en los titulares de los periódicos cómo grandes empresarios son procesados por múltiples razones: evasión, distracción de fondos, estafa y violaciones graves a la ley y las normas, que ponen en evidencia la falta de integridad.

La integridad es aquello que nos ayuda a conservar el éxito que hemos alcanzado, que nos ayuda a mantenernos en la cima sin el temor de ser derribados por la verdad. Hay muchas personas que llegan a la cima, pero conscientes de que no han escalado montañas, sino volcanes. Ellos saben que si algún día este volcán hiciere erupción, la lava de la mentira y lo incorrecto dejarán todo destruido. La integridad nos permite estar confiados, y a no tener miedo por lo que hay debajo de nuestro éxito. Significa que no hay basura bajo la alfombra.

Al leer el título se podría creer que la integridad como tema seria el punto principal de este libro, sin embargo la integridad no es un tema, la integridad está compuesta por todos los temas de nuestra vida.

La integridad del ser humano es algo que ha sido atacado desde el principio y hoy estamos arropados por paradigmas que promueven un mundo de lo relativo, de los depende; un mundo donde lo único que no se tolera es la intolerancia. Los hombre y mujeres íntegros son piezas muy codiciadas. Parecen que la integridad empieza a ser una pieza de museo.

Los seres humanos no andan en busca de lo relativo para lograr el éxito; el dinero no es algo relativo, es algo absoluto. Cuando vamos al doctor, no deseamos que él más o menos nos sane, lo que buscamos es que él nos sane definitivamente. Cuando ves un juego de nuestro equipo favorito, no queremos que más o menos gane, queremos que gane y punto. Igual son los valores; no es algo de más o menos, es algo íntegro y lo íntegro quiere decir uno, algo que no se fragmenta. En tal sentido, este libro en todas sus partes es un llamado a vivir una vida de integridad.

El Honor y los Sentimientos

Cuando Jesús estaba en el desierto siendo probado por el Diablo, duró cuarenta días y cuarenta noches sin comer absolutamente nada; esto era un ayuno total. En el día cuarenta dice la palabra que «Jesús sintió hambre», es bueno que tú subrayes esta frase.

De inmediato apareció Satanás, quien le tuvo una oferta inmediata para salir de este problema: *«Si eres el Hijo de Dios, di a estas piedras que se conviertan en pan».* (Mateo 4:3 NTV) Pero Jesús no contestó conforme a sus sentimientos, lo hizo conforme al razonamiento y conforme a lo correcto: —*«Escrito está: no sólo de pan vivirá el hombre, sino de toda palabra que sale de la boca de Dios.»* (Mateo 4:4 RVR 1960) Desde mi punto de vista, interpreto que el Señor quiso decir: mis sentimientos no son los que mandan en mi vida, lo que manda en mi vida es hacer lo correcto a los ojos de Dios.

Una cosa es un sentimiento, otra, una necesidad, otra, una urgencia. Sin embargo, ninguna se sobrepone a una obligación. La obligación no tiene que ser necesaria, ni urgente, ni tiene que ser agradable, es simplemente una obligación y hay que cumplirla. Lo mismo a lo inverso: si deseas hacer algo que es incorrecto, tendrás que desistir de ello, independientemente de qué tan agradable parezca ser, o qué tanto deseo sientas de hacerlo. Lo incorrecto es incorrecto, y punto.

Los sentimientos no tienen un costo, tú puedes sentir lo que quieras y excepto a Dios, no tendrás que darle cuenta a nadie de lo que sientes. Sin embargo, cuando estos sentimientos cobran vida, tendrás que saber muy bien cómo conviertes tus sentimientos en acciones, visto que si te dejas dominar por ellos, puedes matar a una persona, puedes desbaratar un matrimonio, puedes robar; en fin, puedes hacer un gran número de cosas de las que tendrás que arrepentirse.

Un ejemplo de honor

Posiblemente el nombre de Carl Maxie Brashear no signifique nada para muchas personas; sin embargo, espero que al concluir esta historia ese nombre cobre sentido para todos los que la lean.

Carl Brashear nació el 19 de enero del 1931. En el año 1948 es reclutado para la armada de los Estados Unidos. En el año 1951 ingresa a la escuela de buzos de salvamento donde pasa una extrema prueba social con el fin de ser aceptado como estudiante. Hasta ese momento, la profesión de buzo de esta categoría estaba reservada para las personas de raza blanca. Después de luchar contra la discriminación de sus superiores y la burla y agresiones de sus compañeros, se convirtió en 1954 en el primer buzo de raza negra de los Estados Unidos.

Ejerció con mucho éxito su carrera de buzo. En 1966 sufrió un accidente durante el rescate de una ojiva nuclear en el mediterráneo y debieron amputarle una pierna. Parecía que la carrera de Brashear había terminado; sin embargo, se negó a retirarse rotundamente por asunto de honor. Él dijo que podía seguir buceando; ya recuperado, solicitó colocarse una prótesis.

Desde 1968, empezó a solicitar el reingreso al escuadrón de buzos, algo que no le fue fácil obtener porque tuvo que demostrar que con una prótesis en una pierna él podría llevar un traje de buzo compuesto por unas botas de plomo, un casco de hierro y un traje pesado, capaz de soportar la presión del agua en la profundidad.

Para Brashear había muchas cosas en juego, pero la más determinante era el aspecto del honor. Luego de grandes luchas y demostraciones, en una audiencia pública, él comprobó que podía llevar el peso requerido por el tiempo establecido pese a su prótesis, lo que le devolvió la entrada al escuadrón de buzos. En el año 1970, Brashear se convirtió en el primer maestro de buzos de raza negra en la marina norteamericana. El tema preponderante de esta historia es que los hombres de honor resisten hasta el final. (Colaboradores de Wikipedia, 2012)

El honor nos hace soportar situaciones muy difíciles. En la vida siempre tendrás razones para desistir de tu trabajo, de tu matrimonio, de tus funciones en cualquier organización, etc. Los hombres de honor no renuncian por lo que otros dicen o piensan, ni por las críticas ni las dificultades del entorno. Los hombres de honor renuncian por sus propias razones, nunca por las razones de otros.

Guarda con todo cuidado tu honor, es la mayor herencia que podrías dejarle a tus hijos.

«El honor es lo mismo que la nieve; una vez perdida su blancura, ya no puede recobrarla». (Duclós, 2009)

LA LEY DE LA IDENTIDAD

En una ocasión mi hija Melody me dijo:

—Yo soy manos de mantequilla.

De inmediato le pregunté:

—¿Quién te dijo que tú eres manos de mantequilla?

Ella me contestó que nadie le había dicho esto, pero yo insistí hasta que ella me informó:

—Yo misma me digo esto, porque dejo caer todo.

Entonces le dije lo siguiente:

—Melody, el hecho de que algunas cosas se caigan de tus manos no quiere decir que tengas «las manos de mantequilla»; lo que quiere decir es que debes poner un poco más de cuidado al tomarlas, y punto. Nunca consideres que esto es una condena, es simplemente un mal hábito, el cual debes corregir y seguir adelante.

La Ley de la Identidad busca revelarnos los siguientes aspectos: ¿Quién soy? ¿Hacia dónde me dirijo? ¿Para qué he sido creado? ¿Cuál es mi misión en la vida?

¿Qué es la Identidad?

El diccionario Pequeño Larousse define el término identidad de la siguiente forma: Conjunto de circunstancias que distinguen a una persona de las demás. Ciertamente, esto es parte de lo que podemos entender como identidad; sin embargo, nuestra definición pretende ser más amplia: la identidad es la revelación que se le confiere a un ser humano con la finalidad de mostrarle quién es en realidad, y cuál es su verdadero potencial en la vida.

Mientras un hombre no descubra su identidad, no sabe quién es en realidad ni para qué sirve. Es esta identidad la que libera todas nuestras fuerzas y todas las cualidades que Dios ha sembrado en el ser humano. Es en ese momento que las personas adquieren una misión que los empuja a desafiar su entorno y a vencer el miedo.

Es lamentable que nuestro medio familiar pueda desvalorizarnos de manera constante y, en lugar de estimularnos a descubrir nuestra real identidad, nos infunda miedos y barreras que encierran cada día más nuestra verdadera identidad. Gran parte de la humanidad está sufriendo el doloroso cuadro de haber pertenecido a familias en donde le hicieron sentir que ellos no eran nada, que no servían para nada. Por eso, las personas llegan a una edad madura con un muy disminuido sentimiento sobre lo que realmente son.

Eres más que tu destino

Los griegos crearon la teoría del destino, o teoría de la fatalidad. Ellos entendían que el hombre tenía un destino y que este destino lo perseguía a cualquier lugar donde fuera y que, hiciera lo que hiciera, ese destino se cumpliría en él. Ellos creían en el círculo del retorno; veían la vida como un círculo donde los seres humanos siempre serían lo mismo y que las cosas se repetirían con el tiempo.

El cristianismo introduce una idea más alentadora del futuro; el cristianismo ofrece alternativas al hombre. Te dice que si logras conocer tu identidad, no importa quién crees que eres, ni cómo te califiquen o tilden otros hombres; una vez caes en mano de Dios, Él te pone un nombre nuevo. Tú tienes esperanza a pesar del nombre que te hayan puesto tus hermanos, a pesar de lo que diga tu cónyuge de ti, aunque tus padres te hayan abandonado. Dios siempre ofrece una esperanza al ser humano. (Colisión de dos mundos, 2006)

Hace unos días visitó nuestra congregación una persona que era ciega y sorda (definitivamente no entiendo cómo puede ser posible que alguien se comunique siendo sordo y ciego). El señor entró a la iglesia. Iba acompañado de una señora a la cual dije mi nombre. La señora le dio unas señales en la palma de la mano y aquel señor respondió: «Dío Astacio», y ella le rozó con sus manos de nuevo, para comunicarle: «Correcto». Me lleno de entusiasmo ver a esas personas superando dificultades tan grandes; ver a aquellos que, a pesar de sus imposibilidades, luchan para salir adelante, y quienes descubren que, pese a que han nacido con algunas limitaciones, en lugar de quejarse de la vida y aceptarla como su destino, han decidido explorar y descubrir que tienen otras cualidades que pueden desarrollar.

Por ello vemos cómo Helen Keller, no obstante sus limitaciones, se convirtió en la persona que sin poder ver, sin poder oír y sin poder hablar, aprendió a comunicarse y pudo encontrar su verdadero potencial, más allá de sus limitaciones. ¡Ella desafió al destino y confió en su identidad!

Tu identidad es más que tu nombre

Jacob nació con lo que los antiguos griegos dirían un destino;

el destino de engañar y de tomar lo de otro. Por eso su nombre: Jacob, porque cuando nació, tenía a su hermano Esaú agarrado por el calcañar. Luego le roba la bendición de la primogenitura, huyó de su pueblo por más de 20 años y podría pensarse que obtuvo algún progreso, pero no fue así porque fue mal esposo, mal padre, y recibió un trato parecido de su suegro, quien lo engañó varias veces. Desde nuestra óptica, Jacob no parecería tener la madera necesaria para ser un líder, ni nada que se le parezca.

Cuando Jacob regresó de Padán Aram, Dios se le apareció otra vez y lo bendijo con estas palabras: *«Tu nombre es Jacob, pero ya no te llamarás así. De aquí en adelante te llamarás Israel.»* Y, en efecto, ese fue el nombre que le puso. Luego Dios añadió: *«Yo soy el Dios Todopoderoso. Sé fecundo y multiplícate. De ti nacerá una nación y una comunidad de naciones, y habrá reyes entre tus vástagos.»* (Génesis 35:9–11 NVI)

En ese momento, Dios le está revelando que él no será en lo adelante lo que hasta ese momento había sido, o se había creído ser: él será desde ahora algo más que eso, él será el padre del pueblo de Israel.

No pienso que Dios haya dado a Israel la identidad por haber engañado a su hermano con su primogenitura, o por sus habilidades en engañar a otros, o por el resto de las demás picardías que pudo haber hecho. Personalmente, creo que lo que realmente hizo Jacob fue retardar el proceso de identificación que ya Dios había decretado sobre él, intentando buscar atajos, buscar la forma rápida de destacarse en la vida. Él quería su primogenitura, quería ser el primero a cualquier precio aunque para ello tuviera que mentir, robar y huir; lo importante para él era ser el primero.

La miseria humana procede de esta forma: nos interesa llegar a la cima, no importa el precio, no importa a quién dejemos atrás tirado en el camino, lo importante es trepar.

Pero, del otro lado está la esperanza, y lo que Dios ha reservado para ti. Esta es tu verdadera identidad, aquella que Dios te ha dado desde antes de nacer.

Más que los nombres, están los motes que la gente suele ponernos en la calle, en la escuela, en la casa, en el trabajo o en cualquier otro lugar. Por ejemplo el tonto, el estúpido, el bruto, el feo, el flaco, el débil, el necio, y muchos más. Pero lo cierto es que tu identidad no depende del nombre que los demás te pongan, depende del nombre que Dios ya te ha puesto.

¿Quién nos da nuestra identidad?

En el fondo de un pozo había un joven con un estigma más profundo que el mismo pozo en el que se encontraba. Él se sentía ser el más insignificante de todos los seres humanos, estaba muy pendiente de su entorno, y dedujo que si su entorno estaba mal, él estaba peor. Él entendió que pertenecía a una agrupación de familias débiles, y se dijo: «Mi familia es la más débil de todo este grupo de familias y dentro de esta familia yo soy el más débil». En conclusión, él se consideraba a sí mismo como un puro desastre.

Este joven estaba lleno de complejos. Y ¿saben lo que sienten las personas cuando tienen muchos complejos? Sienten resentimientos en contra de los demás, y nunca se enfocan en sus propios problemas sino que perciben que los demás son culpables de su situación y de las circunstancias del entorno.

Así que aquel joven es sorprendido por Dios, quien llega a revelarle su verdadera identidad, en una escena que más o menos ocurrió así:

El ángel del SEÑOR vino y se sentó bajo la encina que estaba en Ofra, la cual pertenecía a Joás, del clan de Abiezer. Su hijo Gedeón estaba trillando trigo en un lagar, para protegerlo de los madianitas. Cuando el ángel del SEÑOR se le apareció a

Gedeón, le dijo: —*¡El SEÑOR está contigo, guerrero valiente!* (Jueces 6:11–12 NVI)

Fíjate cómo Dios le revela la identidad a un hombre; le dice «guerrero valiente». No sé cual será el nombre que Dios tendrá para ti, pero estoy convencido que a menos que hayas sentido de Él esta revelación, eres algo más importante de lo que te consideras hoy.

La respuesta de Gedeón a esta afirmación es una nota de su resentimiento personal, y una escaramuza para esconderse bajo su máscara de miedo, y una identidad provista por el entorno.

> —*Pero, señor —replicó Gedeón—, si el Señor está con nosotros, ¿cómo es que nos sucede todo esto?* (Jueces 6:13 NVI)

Fíjate bien, la respuesta de Gedeón es en plural: nosotros; la afirmación de Dios es en singular: contigo. Y la tendencia natural del ser humano es entender su vida en relación a lo que ocurre a su alrededor.

Dios tiene una enseñanza especial para cada ser humano con lo que le ocurre. De hecho, siempre en medio de las peores desgracias humanas hay hombres que se han levantado por encima de su entorno y han confiado en que su entorno no son ellos, y ellos no son el entorno; cada uno tiene características especiales.

Esto ocurre con mucha frecuencia cuando en nuestras familias pasa algo; sentimos que el problema es nuestro: si tu matrimonio ha fracasado por determinada razón, ya eso te convierte en un fracaso; si eres violada o violado, puedes sentir que esto te convierte en una persona sin valor y despreciable.

En fin, muchas cosas pasan en nuestro entorno que afectan nuestro comportamiento y nuestras creencias. Por eso Gedeón hablaba de «nosotros» y de inmediato dijo el resto: «¿Si Dios está con nosotros, cómo nos sucede esto?» He aquí una evidencia más de cómo lo que ocurre a nuestro alrededor nos desenfoca de lo que somos.

Sin embargo, Dios está por encima de todo esto y Él nunca se concentra en lo que nosotros pensamos de nosotros mismos; Él fija su vista en lo que somos a partir de Él. Esta es la razón por la que la respuesta de Dios no se basa en la afirmación de Gedeón, y no hay una discusión sobre el tema del entorno sino que Dios va directo al corazón de Gedeón, a descubrir cómo realmente él se siente. El SEÑOR lo encaró y le dijo: *«Ve con la fuerza que tienes, y salvarás a Israel del poder de Madián. Yo soy quien te envía.»* (Jueces 6:14 NVI)

Observa cómo Dios ignora por completo el tema del entorno y se concentra en Gedeón. De la misma manera, Dios está más pendiente de ti que de tu entorno; Él sabe todo lo que estás pasando, pero está enfocado en darte tu identidad, y tú debes aceptarla y reclamarla. Es entonces cuando Gedeón desgarra su corazón y dice de forma objetiva cómo él se siente.

—Pero, Señor —objetó Gedeón—, ¿cómo voy a salvar a Israel? Mi clan es el más débil de la tribu de Manasés, y yo soy el más insignificante de mi familia.

El SEÑOR respondió:

—Tú derrotarás a los madianitas como si fueran un solo hombre, porque yo estaré contigo. (Jueces 6:15–16 NVI)

Aquí de nuevo Dios va al punto: no es lo que tú sientes sobre ti, es lo que Yo siento sobre ti, lo que Yo he puesto en ti, lo que realmente importa. Yo sé cómo te sientes, por eso estoy aquí; pero lo que yo he puesto en ti supera tus sentimientos, y supera todo lo que esté ocurriendo alrededor de ti, a tal punto que te voy a usar para cambiarlo.

Tres afirmaciones acerca de esta interpretación

1.- Dios nos revela Su identidad dándonos el poder para cambiar el entorno

Tú derrotarás a los madianitas como si fueran un solo hombre, porque yo estaré contigo. (Jueces 6:16b NVI)

La diferencia en número de los madianitas contra los israelitas daba una proporción que sobrepasaba los mil a uno. En realidad se veía algo imposible; sin embargo, no para un hombre que ha recibido la identidad de Dios. Y esto es lo que ocurre cuando Dios nos revela su identidad; nos da con ella la fuerza para cambiar nuestro entorno, conforme a las necesidades existentes en ese momento.

Esto fue lo que ocurrió con Moisés, cuando Dios le dijo: «Tú serás el libertador del pueblo». Era algo que Moisés ni sabía ni estaba en condiciones de hacer por sí mismo, pero Dios se lo revela. También ocurrió con Josué, cuando le dice: «Solamente te digo que te esfuerces y que seas valiente», dándole la encomienda de dirigir la entrada del pueblo israelita a la tierra prometida.

Dios cambió el entorno por medio de Gedeón y puede cambiar tu entorno usándote como instrumento. Y es bueno que tengas pendiente que así como no tomará en cuenta tus defectos, tus limitaciones o tus debilidades, tampoco necesitará que seas un súper hombre; Él simplemente necesita un hombre o una mujer sedientos de encontrar su identidad.

2.- Cuando Dios nos da Su identidad, nos convierte en personas valientes

La conversación de Dios con Gedeón giró en torno al miedo, al profundo miedo que éste sentía en el fondo de su corazón. Es el miedo el peor enemigo de un ser humano. Cervantes escribió en su obra Don Quijote acerca de vencer el miedo invencible.

Así es que la primera tarea que Dios le pone a Gedeón es derribar la estatua de Baal, lo que equivaldría a algo como «*ve y derrumba la estatua del héroe de la patria, o ve y quita el escudo nacional de algún lugar*», por eso Dios le dice: «*Toma un toro del rebaño de tu padre; el segundo, el que tiene siete años. Derriba el altar que tu padre ha dedicado a Baal, y el poste con la imagen de la diosa Aserá que está junto a él. Luego, sobre la cima de este lugar de refugio, construye un altar apropiado para el SEÑOR tu Dios. Toma entonces la leña del poste de Aserá que cortaste, y ofrece el segundo como un holocausto.*» (Jueces 6:25–26 NVI)

Hacer esto posiblemente significa un acto de terrorismo, pero Gedeón había recibido la identidad de Dios; ya él era diferente, ahora podía sentir el miedo, pero al menos podía actuar y esperar que pasaran las cosas. Por eso fue y buscó algunos siervos. Tuvo el valor de obligarlos a acompañarle a una misión tan difícil. *Gedeón llevó a diez de sus siervos e hizo lo que el Señor le había ordenado. Pero, en lugar de hacerlo de día, lo hizo de noche, pues tenía miedo de su familia y de los hombres de la ciudad.* (Jueces 6:27 NVI)

Se ve que no sólo lo hizo de noche y escondido, también lo hizo muy meticulosamente; hubo que hacer una gran investigación para descubrir que Gedeón lo había hecho.

Entonces se preguntaron el uno al otro: ¿Quién habrá hecho esto? Luego de investigar cuidadosamente, llegaron a la conclusión: «*Gedeón, hijo de Joás, lo hizo*». (Jueces 6:29 NVI)

Pero a partir de ese momento, el pueblo empieza a cambiarle el nombre a Gedeón: en lugar de llamarle el miedoso, el temeroso, el que se esconde en un hoyo a trillar trigo, el insignificante, le llaman «Yerubaal». *Por eso aquel día llamaron a Gedeón «Yerubaal», diciendo «Que Baal se defienda contra él».* (Jueces 6:32 NVI)

Hacer lo que hizo Gedeón con la estatua de Baal, tenía para el pueblo el mismo significado que tuvo la muerte de Goliat a manos de David; ya no era el insignificante David, ahora era el que mató a Goliat, y todo el mundo lo respetaba y lo seguía. Lo que pasa cuando Dios nos revela su identidad es que nos convierte en seres auténticos, y cuando somos auténticos la gente nos sigue, porque a todos nos gusta encontrarnos con personas auténticas. Por eso, Gedeón ya no era el mismo, ahora era un hombre sin temores.

Quiero hacer algunas preguntas en relación a estos acontecimientos. ¿Acaso la estatua que Gedeón derribó no estaba allí antes? ¿No estuvieron a su servicio los mismos siervos antes de que Dios hablara con él? ¿No sentía Gedeón miedo al momento de derribar la estatua? Todas las respuestas son positivas. Si es así, ¿qué fue lo que cambió en la vida de Gedeón que lo hizo ser un hombre valiente?

El sentido de identidad que recibió de Dios fue lo que le hizo ser un hombre valiente, y la diferencia entre el valiente y el cobarde es que, aunque ambos tienen miedo, el valiente sigue adelante, actúa y hace las cosas qué tiene que hacer pese a su miedo, pero el cobarde se devuelve y se esconde.

3.- Cuando Dios nos da Su identidad, nos cambia radicalmente

La identidad genuina nos la da Dios, todas las demás identidades son fachadas, son caretas que adoptamos; algunas aparentan ser más reales que otras pero, finalmente todas son descubiertas y destruidas con el tiempo.

Sin embargo, cuando Dios le otorga el sentido de identidad a un ser humano, éste cambia radicalmente; jamás es igual, su vida se transforma, deviene un ser diferente, que hace y dice cosas diferentes.

Cuando Dios nos revela el sentido de identidad, nos cambia tan radicalmente que casi no nos conocemos al volvernos a ver en el espejo.

Hubo una joven en Minnesota, madre de dos hijos, que era una persona de una reputación no muy confiable para la mayoría de las personas. Su último esposo la golpeó y la abandonó, por lo que tuvo que volver a casa de sus padres. Estando allí, recibió muchas humillaciones de su padre, quien entendía que ella no había sido una buena hija y que le había ocasionado problemas porque siempre había dependido de otro para su manutención y la manutención de sus hijos. Todo era así hasta que un día ella decidió hacerse cargo de su vida.

Conversando con una amiga supo que en las minas de Minnesota habían empleado a algunas mujeres, y que estaban buscando más. Fue cuando tomó la decisión, en contra de muchas personas, de aceptar un trabajo en las minas. Estoy convencido de que jamás imaginó en las profundidades de esas minas, que Dios le revelaría cuál era su verdadera identidad. Pero Dios siempre tiene un momento para revelarnos quiénes realmente somos, aun en medio de la mayor desesperación y angustia.

Aquella mujer empezó a ser acosada sexualmente por algunos hombres inescrupulosos que había en las minas; cuando se quejó de la situación, el dueño de la mina le invitó a renunciar y prácticamente le ordenó que debía dejar las cosas así, si quería continuar trabajando allí.

Ella siguió trabajando en las minas hasta que un compañero la atacó y casi la mata; es entonces cuando decide demandar a la compañía. Este acto le iba a costar muchas lágrimas, pero a través de él descubriría todo lo que ella era, y lo que su ejemplo significaría para todas las mujeres de la humanidad.

Aquella mujer se llamaba Josey Aimes y fue la primera mujer en el mundo en ganar un juicio por acoso sexual en el trabajo. A partir de ese momento se crearon nuevas leyes que regulaban el trato que recibirían las mujeres en su lugar de labores y le daban derechos en este sentido que garantizarían su estado de dignidad y respeto laboral.

Eso pasa cuando Dios nos revela nuestra identidad, nos convierte en personas diferentes, que piensan y actúan valientemente, y que hacen de su entorno algo diferente.

Tres consecuencias de la Falta de Identidad

1.- Vivimos la vida para otros

Las personas que no tienen identidad viven la vida que otros quieren que ellos vivan. Se pasan todo el tiempo complaciendo a los demás, y casi siempre son el resultado de las opiniones ajenas.

Dedicar la vida a otros, consagrarse a otros, es distinto a vivir la vida para otros. En el primer caso es una decisión de servicio, de simple aporte; en el segundo caso es una necesidad de aprobación. Cuando esta necesidad te domina, lo que ocurre simplemente es que no serás la persona que Dios ha diseñado; te habrás convertido en un capricho humano y no precisamente en el tuyo, sino en el de otros.

Vivir sin identidad es como tener un nombre distinto para responder a cada persona; es decir, cada persona te llamará por el nombre que le guste usar para ti. Esto quiere decir que si alguien entiende que eres pequeño te dirá Pequeño; otro que piensa que eres feo y te llamara El Feo. Para otros te llamarás Tony porque te pareces a Tony, y otros te llamarán Alberto porque tú eres una persona que debería llamarse Alberto, por su físico; en fin, te llamarás como los demás desean que te llames. La pregunta es: ¿Cómo podrías responder a tantos nombres al mismo tiempo, y seguir siendo la misma persona?

Lo que ocurre con las personas que no logran su identidad es que pasan la vida tratando de encontrarse en la multitud. Es decir, ellos quieren ser una de las opciones que los demás le presentan; entre tantos nombres, le gustaría ser el que más le ajuste.

Pero en tanto descubren uno que le agrada, encontrarán otro mejor y, de repente, se sentirán que no están cómodos en esa persona y adoptarán otro; en fin, irán rodando de personaje en personaje hasta perderse en la multitud y morir en ella.

2.- Podremos ser medianamente felices

Si piensas bien, la felicidad incompleta no existe; usted o es feliz o es infeliz, y punto. Intentar tener una vida medianamente feliz es como querer respirar a medias, o querer dormir a medias. Tú podrás descansar a medias, pero si duermes, duermes y punto. Así es la felicidad: tú o la tienes o no la tienes, y lo cierto es que ser medianamente feliz en algo es peor que ser completamente infeliz, porque es como poder ver las cosas pero no tener el derecho de tocarlas, es una verdadera tortura.

En la película «Hombre de familia» protagonizada por Nicolás Cage y Téa Leoni, nos dan un verdadero ejemplo de lo que esto significa. Él es un corredor de bolsa que según su óptica posee todo lo que necesita; sin embargo, un día tiene un sueño que le revela lo que habría sido su vida al lado de su antigua novia.

La diferencia entre una vida y la otra es abismal: él se convertiría en un vendedor de neumáticos y ella, en una abogada voluntaria. En lugar de vivir en un lujoso penthouse tendrían una modesta casa en los suburbios de la ciudad. En lugar de conducir un Ferrari él tendría una vanette vieja. En lugar de ser un soltero cotizado, sería un hombre casado con dos hijos. Sin embargo, en lo profundo de su sueño, descubre que está dispuesto a cambiar todo lo que tiene y todo lo que es por lo que vivió en ese sueño. (Ratner, 2000)

Hay muchas personas viviendo una vida que no habrían deseado vivir, sólo porque ellos no descubrieron su identidad.

3.- La gente nos quiere por lo que aparentamos

Una joven estaba perdidamente enamorada de un cadete. En un momento el cadete se enamoró tan profundo de la joven que decidió dejar la academia para casarse con ella. Cuando fue a entregarle el anillo de compromiso y le explicó lo que había hecho, ella le dijo que se había enamorado de un cadete, no de un civil, y simplemente lo dejó.

Y es eso lo que pasa cuando no tenemos identidad: que la gente nos quiere por lo que aparentamos, no por lo que realmente somos. Mi consejo personal es que, pase lo que pase, seas tú mismo. No te conviertas en otra persona sólo porque es mejor hacerlo, o porque conviene a tus intereses. Sé siempre lo que eres.

Un judío iba con su hijo a la sinagoga de su ciudad todos los sábados; esto lo hacía con mucha fidelidad. Posteriormente, el judío y su familia se mudaron a Alemania y el padre, en vez de acudir a una sinagoga, fue con su hijo a una iglesia presbiteriana.

El hijo le preguntó al padre:

—¿Por qué vamos a esta iglesia y no a la sinagoga?

—Porque conviene a nuestros negocios. —le contestó el padre.

El hijo perdió el respeto por Dios y por las religiones y se convirtió en una de las personas que más promovió el pensamiento materialista en el siglo XIX. Su nombre: Carlos Marx, quien luego diría que «la religión es el opio de los pueblos». Busca la identidad que Dios tiene para ti y no tendrás que ocultarte de nada ni de nadie.

Tres beneficios de poseer una Identidad Definida

BENEFICIO Nº 1 - Nuestra vida tiene una Misión Clara

Al recordar a Cristóbal Colón, de seguro te viene a la mente «El descubridor de América». Igualmente, cuando recuerdas a Martin Luther King, recordarás su misión de alcanzar la igualdad racial en los Estados Unidos. Nelson Mandela es recordado por su misión de abolir el régimen del apartheid en Sudáfrica, no por la marca de zapatos que usó ni por sus riquezas personales.

Y lo cierto es que, paradójicamente, muchos hombres que han muerto en la cima de la riqueza, tienen sus nombres sepultados con sus cuerpos; no dejaron un legado significativo a la humanidad. Sin embargo, hay hombres que han muerto en la indigencia, pero su misión ha quedado grabada en las mentes de la humanidad.

Cuando una persona adquiere su identidad, adquiere con ella una misión que bien puede ser de micro alcance, de mediano alcance o de un alcance global.

En la mayoría de los países del mundo existe una institución que se llama Alcohólicos Anónimos. Esta institución ofrece una salida gratuita a millones de personas que son afectadas por el alcoholismo, que dicho sea de paso es una adicción terrible.

Esta institución fue fundada por William Wilson (Bill W.) y el doctor Robert Smith (Dr. Bob). Bill Wilson era un abogado, corredor de bolsa y llevaba una vida en vías de franca prosperidad económica; sin embargo, tenía una proclividad al trago social.

Con la caída de la bolsa en los años 30, el futuro de Bill se tornó incierto y es cuando intensifica su antigua costumbre de las copas. Hace varios intentos por recuperarse, pero son inútiles. Cuando su vida era un desastre, arruinado económicamente y sintiéndose en un callejón sin salida, un día, al borde del suicidio, él camina en busca de su verdadera identidad, hacia lo que nunca antes había caminado.

Clama a Dios y Él literalmente lo saca de la podredumbre en la que se encontraba, y aunque no lo creas, allí terminó para siempre su adicción al alcoholismo.

Si lees todos los libros de Bill Wilson después de esto te darás cuenta de que, hasta ese momento, él no tenía una verdadera misión en la vida. Hoy Bill W. es reconocido como el fundador de la organización Alcohólicos Anónimos, junto al Dr. Bob. (Alcohólicos Anónimos)

No importa si tu misión es grande o es pequeña. Una persona con identidad tiene un compromiso mayor que el de ser egoísta y vivir sin sentido, tiene un compromiso mayor que el de pasar por la vida sin ninguna esperanza. Tiene un compromiso ante Dios y ante el mundo de hacer algo diferente.

BENEFICIO Nº 2 - Nos hace personas libres

Hay un escritor de cuentos muy famosos, como La Sirenita, La Cenicienta y otros. Su nombre es Hans Christian Andersen.

Dentro de su repertorio de cuentos tiene uno sumamente especial, pero no muy conocido, que se llama «El traje nuevo del Emperador».

Este cuento trata de un rey que era tan vanidoso que su única preocupación era su vestido. Se cambiaba de ropa cada hora y siempre andaba impecablemente vestido. Era tal el afán de este hombre por la vestimenta que tenía varios sastres destinados a coserle sólo a él.

Un día dos de sus sastres le llevaron una propuesta, y le dijeron: «Te haremos un traje que ha sido diseñado exclusivamente para ti. El traje es tan especial que sólo lo pueden ver las personas altamente inteligentes y que son capaces de hacer las cosas bien. Quien no lo pueda ver, es porque no es capaz o no es inteligente, es un ignorante e idiota».

El rey aceptó la propuesta de los sastres. Un tiempo después, envió a dos de sus más altos funcionarios a ver el avance del traje. Efectivamente, el traje era invisible, pero aquellos funcionarios, por simular ser capaces e inteligentes, fingieron verlo y lo apreciaron tan bello que fueron de inmediato a decirle al rey las cualidades excepcionales del traje invisible.

Finalmente, llegó el momento de que el rey estrenara su traje y fue donde los sastres. El rey, a fin de no parecer un ignorante e incapaz, también «pudo» ver la belleza del traje. Acto seguido, se quitó todo lo que llevaba puesto, y se quedó en paños menores, a fin de colocarse tan elegante atuendo. Salió a la calle con su «nuevo traje» y dice la historia que nunca había recibido tantos halagos como en ese momento. Era un desborde de piropos y cumplidos, hasta que un niño, en medio de la multitud, exclama abiertamente: «El rey está desnudo, sólo lleva la ropa interior puesta. ¿Qué pasa con el rey? ¿Se está volviendo loco?». El rey, en un supremo aprieto, cayó en cuenta de su real situación, e intentó salir como pudo de tan embarazosa circunstancia. (Andersen)

Este cuento nos revela la terrible cárcel en la que viven muchos seres humanos; la cárcel de la vanidad, del egocentrismo. Las personas prefieren hacer el ridículo antes que admitir su equivocación o desconocimiento de algo. Esto es falta de identidad.

Jesús dice en su palabra: *y conocerán la verdad, y la verdad los hará libres.* (Juan 8:32 NVI) Esta interpretación nos puede llevar a varias conclusiones. Por ejemplo, podría estar hablando de conocerlo a Él, quien dijo: —*Yo soy el camino, la verdad y la vida* —*le contestó Jesús*—. *Nadie llega al Padre sino por mí.* (Juan 14:6 NVI)

Cuando encontramos a Jesús, encontramos la verdad. Lo que quiere decir este verso es que la libertad del hombre no es algo implícito en su vida, es algo que hay que buscar, algo que hay que conocer, algo que está para nosotros pero no en nosotros.

Cuando el hombre descubre la identidad que Dios le otorga, es cuando es verdaderamente libre. Entonces tiene la libertad de escoger, la libertad de saber que está haciendo lo correcto, la libertad de no actuar para complacer a otros, la libertad para hacer las cosas correctamente aunque los demás no estén de acuerdo o no les guste.

Esa libertad le hace sentirse confiado, le hace sentirse seguro y le hace sentirse libre, aunque esté encadenado.

BENEFICIO Nº 3 - Somos dueños del tiempo

¿Son dueñas de su tiempo las personas? Sí, pero sólo cuando tienen identidad. Si no tienen identidad, nunca son reales dueños de su tiempo.

El tiempo no existe; lo que existe es el derecho que tienen los seres humanos de poner en orden sus prioridades. Si recibes un llamado de Dios para irte a un monasterio, en lo más alto de una montaña, donde no hay reloj, ni celular, ni radio, ni televisión, sólo silencio, entonces te darás cuenta que el tiempo es algo relativo de lo cual somos dueños cuando tenemos identidad.

Las personas sin identidad, son por naturaleza siervos del tiempo y de las personas que las rodean; su tiempo se diluye en actividades que buscan agradar su entorno social y complacer sus creencias. Pero no es así para quienes tienen una identidad claramente definida. A continuación vamos a ilustrar esta afirmación.

En la antigüedad había un hombre a quien Dios le dijo: «Deja todo lo que tienes, deja a tu familia y ven, que te mostraré la misión que tengo para ti». Este hombre se llamaba Abram, a quien luego Dios le revela la identidad y le llama Abraham. Antes, él creía ser dueño de su tiempo, pero cuando Dios lo llama a una misión, entonces se da cuenta de que él no era dueño de su tiempo, sino lo era Dios. Y tuvo que aprenderlo. Es por eso que Dios, a los 90 y tantos años, le dice: —*Dentro de un año volveré a verte —dijo uno de ellos—, y para entonces tu esposa Sara tendrá un hijo.* (Génesis 18:10 NVI)

Cuando Dios le dice esto, la esposa explota en una carcajada. Supongo que habrá dicho: «Si quieres intentarlo hagámoslo, pero invéntate otra excusa.» Sin embargo Abraham, creyéndose dueño del tiempo en lugar de Dios, empieza a apresurarlo y comete errores en el camino, antes del cumplimiento de esta promesa.

Eres dueño del tiempo cuando el esperar no te cuesta mucho, porque no es cuestión de muchas actividades, sino es cuestión de hacer las cosas que tú tienes que hacer y hacerlas en el tiempo en que tienes que hacerlas. Dios lo hizo esperar de nuevo un tiempo antes de cumplir la promesa, hasta que llegó el momento elegido. Él y su esposa sobrepasaban los 90 años, y entonces Dios le concedió tener un hijo. Para probar su fe, y saber si él es dueño del tiempo, Dios le dice a Abraham:

—*Toma a tu hijo, el único que tienes y al que tanto amas, y ve a la región de Moria. Una vez allí, ofrécelo como holocausto en el monte que yo te indicaré.* (Génesis 22:2 NVI)

La actuación de Abraham nos da a entender que ahora él es dueño del tiempo, porque él toma al niño, toma la leña y sube a la montaña, en la actitud de sacrificar al hijo. Ahora él era dueño de su tiempo, porque su preocupación no estuvo en que él no iba a poder tener otro hijo a sus 100 años de edad, sino en que él confió en Dios y en lo que Dios podría hacer. Cuando Abraham sube a la montaña, empieza a hacer el ritual y Dios lo detiene. Dios impide que él haga semejante acto, pero comprueba con esto que está frente a un hombre que es dueño de su tiempo y a quien el tiempo no lo presiona incorrectamente.

La identidad nos permite ser dueños de nuestro tiempo, no nos deja hacer las cosas para complacer a los demás; no nos deja perder el tiempo en vanidades sin sentido. La identidad nos ayuda a enfocarnos en las cosas que realmente importan. Busca tu identidad, sé quien Dios ha destinado que tú debes ser y que, en el fondo, es ser tú mismo.

LA LEY DE LA PERSPECTIVA

Para ti la palabra «licantropía» podría parecer un tanto extraña. Y ciertamente lo es: se trata de una enfermedad que contraen los seres humanos que les hace sentirse animales y actuar como tales. En la novela «Cien años de soledad», del premio Nobel Gabriel García Márquez, aparece un ejemplo parecido a este. Sin embargo, el caso más drástico de licantropía ocurrió en la antigua Babilonia, muchos años antes de Cristo. Se trata de un rey, fuera del común de los reyes, uno de los más famosos de la antigüedad.

Fue el constructor de los famosos Jardines Colgantes de Babilonia, una de las siete maravillas del mundo antiguo, al cual sus dotes militares y estrategias lo llevaron a convertirse en un rey de reyes. Tan importante era este rey que fue el único que escribió (fuera de los escritores convencionales de las Sagradas Escrituras), un capítulo completo de la Biblia. Si usted busca el libro de Daniel, el capítulo 4 fue escrito de labios del rey Nabucodonosor II.

¿Cómo es posible que uno de los reyes más grandes de la antigüedad, de un momento a otro, se haya creído ser un buey y esté tirado en el suelo amarrado por el cuello y comiendo hierbas? La razón por la que le ocurrió esto a Nabucodonosor II fue por no tener presente la Ley de la Perspectiva. (Michelén, 2002)

Nabucodonosor II era un hombre de origen plebeyo, quien por su padre, Nabopolazar, llegó a convertirse en rey. Este es uno de los tantos casos en los cuales un hombre de origen humilde asciende a lo más alto de la sociedad. Se convierte en un gran gobernante, tan importante que es llamado «rey de reyes». Su nación llegó a ser una de las naciones más preponderantes del mundo conocido en ese momento. Por eso él confiesa: *Yo Nabucodonosor estaba tranquilo en mi casa, y floreciente en mi palacio.* (Daniel 4:4 RVR 1960)

Cuando él dice que estaba tranquilo, esto expresa una gran satisfacción, y que se sentía rodeado de toda seguridad. Y cuando habla de que vivía floreciente, quiere decir que estaba lleno de todo esplendor; que estaba en una época de gran bonanza económica, política y social.

Nabucodonosor II empezó a perder la perspectiva y a olvidarse de sus orígenes; a olvidarse que era un mortal. Se le olvidó que él estaba en este lugar con una misión, con un deber que estaba por encima de su persona. La soberbia empieza a hacerse evidente en su vida y es cuando recibe una señal del eterno Dios, expresándole su situación y las posibles consecuencias, si no cambiaba de perspectiva y retomaba su camino.

Dios, a través de Daniel, le dice lo siguiente: *«La interpretación del sueño, y el decreto que el Altísimo ha emitido contra Su Majestad, es como sigue: Usted será apartado de la gente y habitará con los animales salvajes; comerá pasto como el ganado, y se empapará con el rocío del cielo. Siete años pasarán hasta que Su Majestad reconozca que el Altísimo es el soberano de todos los reinos del mundo, y que se los entrega a quien él quiere».* (Daniel 4:24–25 NVI)

Esta es la perspectiva correcta de la vida: todo cuanto tenemos, conseguimos y somos, proviene de una fuente más poderosa que nosotros; proviene de Dios.

Cuando el hombre se cree dueño de las cosas que posee y se enorgullece arrogantemente de ello; entonces, está fuera de perspectiva, y cuando un avión, un barco o un ser humano pierden la perspectiva, la consecuencia es el desastre inminente. Por eso el libro de Proverbios dice:

Ciudad amurallada es la riqueza para el rico,
y éste cree que sus muros son inexpugnables.
Al fracaso lo precede la soberbia humana;
a los honores los precede la humildad.
(Proverbios 18:11–12 NVI)

Continuando con nuestro relato, vemos que el hijo de Nabopolazar hizo caso omiso al mensaje que le había dado el Señor a través de Daniel, que fue el siguiente: *«Por tanto oh rey, acepta mi consejo: redime tus pecados con justicia, y tus iniquidades haciendo misericordias con los oprimidos, pues tal vez será eso una prolongación de tu tranquilidad».* (Daniel 4:27 RVR 1960)

He tenido la oportunidad de trabajar con personas que están llenas de orgullo y soberbia; y es increíble ver que ellos, mientras más consejos reciben, más arrogantes se hacen. Nabucodonosor II había construido, además de los jardines colgantes, muchos palacios, los cuales edificó para complacer a su esposa de origen persa, a quien le gustaba recordar las montañas y los montes en los que se crió. Él le hizo los extravagantes jardines colgantes para complacer su vanidad, obligando a su pueblo a pagar altos impuestos y a realizar trabajo forzado.

Cuando las personas pierden la perspectiva, se hacen más arrogantes con el humilde, y más vanidosas con el pudiente.

Son capaces de gastar cientos de miles de pesos en regalos para complacer a otros; pero se vuelven mezquinos para compadecerse de los más necesitados. La gente que está a su alrededor suele sufrir bastante, mientras ellos derrochan altas sumas en sus lujos.

Eso pasa con los políticos actuales, sobre todo con los de los países más pobres del mundo. Mientras ellos viven en mansiones y depositan grandes sumas de dinero en bancos extranjeros, sus pueblos se mueren de hambre.

Y es por eso que viene el desplome de todo hombre que pierde la perspectiva, porque se confunde y empieza a ocupar el lugar de Dios; se cree ser un ser omnipotente, capaz de hacerlo todo de la forma que él quiere y cuando quiere.

Así, el rey de Babilonia no hizo caso al llamado que el profeta le hizo; de modo que, al ver que pasaron los meses y nada ocurrió, se sintió mucho más orgulloso de su decisión: «Soy tan fuerte que ni los dioses pueden contra mí. Soy como el Titanic, insumergible». Y en medio de aquella arrogancia, aquel rey se levanta una mañana y pronuncia las siguientes palabras: «*Al cabo de doce meses, paseando por el palacio real de Babilonia; habló el rey y dijo: ¿No es esta la gran Babilonia que yo edifiqué para casa real con la fuerza de mi poder, y para gloria de mi majestad?*». (Daniel 4:29–31 RVR 1960)

Espero que tú puedas confirmar que aquel hombre había perdido la perspectiva. Pero esto no le ocurre sólo a él, le ocurre también a hombres comunes y corrientes, quienes tienen mucho menos que exhibir, y actúan con la misma petulancia.

Los palacios nuestros pueden ser nuestro gran empleo, el cual conseguimos con nuestro esfuerzo y después de estudiar mucho. Por tanto, razonamos: es mío, yo lo conseguí con mi sudor, no tengo nada que agradecerle a nadie. Error, querido amigo, aunque tú hayas estudiado, recuerda que todo lo que sabes depende de unas pequeñas células que se llaman neuronas, que están en tu cerebro. Sin la función de ellas, tendrías la cabeza vacía. Lo que sabes se debe a quien te los proporcionó.

Otras veces, nuestra arrogancia está basada en nuestros hijos, o en nuestro matrimonio, o en nuestra cuenta en el banco; quizás en nuestro carro..., en fin, hay muchísimas cosas que nos hacen perder la perspectiva.

Por último, una de las cosas que más hace perder la perspectiva a un ser humano es la juventud. Cuando los seres humanos son jóvenes, se sienten tan poderosos como Nabucodonosor II; se sienten llenos de vida y capaces de hacer cualquier cosa. Son omnipotentes, pero, para su sorpresa, no siempre las cosas les salen como ellos las esperan; a veces se complican.

Aún estaba la palabra en la boca del rey, cuando vino una voz del cielo: A ti se te dice, rey Nabucodonosor: El reino ha sido quitado de ti; y de entre los hombres te arrojarán, y con las bestias del campo será tu habitación, y como a los bueyes te apacentarán; y siete tiempos pasarán sobre ti, hasta que reconozcas que el Altísimo tiene el dominio en el reino de los hombres, y lo da a quien él quiere. (Daniel 4:31–32 RVR 1960)

Cuando nosotros perdemos las perspectivas, y sacamos los pies de la tierra, entonces Dios nos pone a andar con la boca en la tierra. Nabucodonosor II, que antes estaba en su palacio, comiendo manjares, durmiendo en las mejores camas acolchadas con terciopelo, bebiendo el mejor de los vinos y dándose los mejores lujos, en un abrir y cerrar de ojos se vio en el patio del palacio, posiblemente al principio, en un lugar muy privado y reservado, creyendo que pronto habría una recuperación. Pero supongo que en la medida en que iba pasando el tiempo, se iba cumpliendo La Palabra en la vida de este hombre, y lo juntaron con los demás animales, comiendo hierbas, y quizás amarrado por el cuello.

Esto parece inverosímil, parece imposible, pero es bueno que tú entiendas que eso no sólo pasó en ese momento, hoy siguen pasando cosas como esa.

Se dice que en la antigüedad Babilonia estaba ubicada en lo que hoy es Irak. Increíblemente, justo en el día de hoy estoy leyendo un titular que dice «Saddam Husein muere en la horca»; y vemos aquí como la historia se repite. No quiero hacer un juicio de valor religioso ni político sobre Saddam Hussein. Sin embargo, es evidente que, como muchos otros gobernantes, incluso aquellos que le han hecho la guerra y lo llevaron a juicio, en algún sentido él perdió la perspectiva.

El presidente iraquí no padeció de licantropía, pero sí fue encontrado en una cisterna, entre escombros y polvo; y de nuevo se repite la historia, desde un palacio hasta el suelo.

Querido amigo, no quiero que las ilustraciones te hagan perder la perspectiva. Quiero que estés consciente de lo que estoy tratando de mostrarte, y es que no importa cuán alto estemos, cuando perdemos la perspectiva, de seguro que llegaremos al suelo más rápido de lo que pudiéramos imaginar.

Las historias en este sentido son muchas, y hemos visto cómo grandes corporaciones, que eran monstruos financieros impresionantes, van a la quiebra; y hemos visto cómo grandes ejecutivos, de las más prestigiosas compañías del mundo, salen esposados de sus empresas por perder la perspectiva y hacer cosas incorrectas.

Seis claves para no perder la perspectiva

CLAVE Nº 1 - Ten presente que todo pasa

Cuando los emperadores romanos entraban a la ciudad, luego

de una conquista, eran esperados con una gran fiesta.

Las fiestas eran precedidas por grandes sacrificios de animales a los dioses, y el humo de aquellos sacrificios inundaba la ciudad junto con mucho incienso, que se usaba para perfumar el ambiente.

El emperador tenía a su lado a varias personas, pero dentro de ellas se distinguía un esclavo que estaba encargado de repetirle estas palabras: «Toda la gloria, todo el poder, pasa». Y eso es lo que necesitamos tener hoy en día, alguien que nos recuerde que todo el poder pasa; todo lo que somos en este momento, mañana podríamos no serlo. En tal razón, debemos actuar apegados a los principios, y conscientes de que el poder nos ha sido conferido para servir, para hacer lo correcto, para cumplir con una misión, no para servirnos de él.

CLAVE Nº 2 - Cuida a la gente

Ayudar a las personas, dar nuestro aporte cuando es necesario, siempre es bueno. La gente no olvida ni lo bueno ni lo malo. Cuando tú eres indiferente a las necesidades ajenas, esto crea un resentimiento muy profundo en la vida de quienes te rodean y puede tornarse inolvidable. Muchos de mis mejores amigos los he obtenido de personas a las que he dirigido; y lo cierto es que he visto su agradecimiento y su deseo de servir. Me considero un afortunado de haber trabajado con personas tan agradecidas.

CLAVE Nº 3 - Comparte el botín

Cuando los emperadores o reyes llegaban triunfantes de la guerra, traían un botín. Dicho botín normalmente era repartido entre los soldados; no era para el rey, ni para su palacio. El botín debía repartirse entre los generales, quienes, a su vez, debían repartir buena parte entre los soldados, conforme a su actuación en la batalla.

Sin embargo, a veces llegamos a la cima económica, y obviamos a todas las personas que han colaborado con nosotros para que llegáramos. He escuchado a alguien decir: «Esta empresa es mía, yo hago con ella lo que me da la gana».

En lo personal, no imagino mi vida sin Evelyn, mi esposa; ella me ha dado tres preciosas hijas, sin las cuales tampoco imagino la vida. Esto es parte de mis riquezas, todo lo que tengo es para compartirlo con la persona junto a la cual he vivido los mejores años de mi vida. Hay muchas personas que en algún sentido han colaborado con tu éxito. No es posible subir a la cima honesta y correctamente sin recibir ayuda de algunas personas, pues esas personas, no importa quienes sean, necesitan recibir parte del botín; de lo contrario, no irán con el mismo ánimo a «la guerra» y posiblemente ni siquiera te acompañen.

Subiendo, pero bajando

En la medida en que uno va ascendiendo en la institución, o simplemente en la vida, las oportunidades que se nos presentan son mayores y mejores. Es muy común que las personas que suben adquieran recursos superiores a los que antes tenían. Sin embargo, nuestra pérdida de la perspectiva nos puede convertir en hombres mezquinos y avaros, indiferentes e insensibles a las necesidades de los demás, por ínfimas que las mismas pudieran ser.

Muchas veces, cuando estamos en la cima, nos olvidamos de las cosas pequeñas, algo que para alguien podría ser su cena, para nosotros significa una propina. La diferencia es que, mientras damos de propina en un lujoso restaurante, muchos de los soldados a nuestro alrededor no tienen para cenar.

Casi siempre Dios permite que aquellos hombres que han perdido la perspectiva vuelvan a sus orígenes o, dicho de otra forma, que necesiten de las personas más humildes para sobrevivir. Cuando un hombre cae enfermo en una cama, desea que quien lo atiende en la cabecera sea un doctor con varias especialidades, pero éste sólo lo haría por un rato; el otro tiempo tendrá que pasarlo con una humilde enfermera, con quien compartirá los últimos días de su vida. Cuando nos enfermamos, los recursos no sirven de mucho; la vida no tiene ningún sentido material y sólo estarán a nuestro lado aquellos con quienes, en algún sentido, hemos compartido el botín. Si no lo hemos hecho a tiempo, ellos tal vez también estarán ahí, pero te garantizo que no deseándote una larga vida.

CLAVE Nº 4 - No olvides tus orígenes

La costumbre más común entre los que suben a la cima, es olvidar sus orígenes. Esta actitud los convierte en seres sin identidad y vacíos. Quienes tratan de esconder de dónde salieron, por temor al «qué dirán», están perdiendo la perspectiva.

No es lo mejor andar con nuestros orígenes en la frente, a veces no es cómodo, pero siempre es digno; siempre nos ayuda a mantener la perspectiva. Cuando un hombre empieza a olvidar sus orígenes, empieza a perder la perspectiva y aunque no se dé cuenta, va en picada.

Nuestros orígenes tienen un significado especial en nuestra vida y nos ayudan a mantenernos ubicados, y a dar gracias a Dios por lo que Él ha hecho en nosotros; cuando vemos dónde estábamos y dónde estamos, esto debe mantenernos en perspectiva. El borrar nuestro origen es algo muy peligroso porque nuestro propio corazón nos obliga a buscarlo, a tenerlo presente. A menos que tu infancia haya sido traumática, casi siempre te trae buenos recuerdos. El objetivo es mantener la perspectiva, algo que no hizo Nabucodonosor II.

CLAVE Nº 5 - Busca un sustituto a tiempo y retírate con honores

Para mucha gente, la parte más difícil en el tema de la

perspectiva es encontrar el momento cumbre para retirarse de forma definitiva. A las personas les cuesta retirarse cuando están en su máximo esplendor; prefieren hacerlo cuando están en plena decadencia, cuando ya es inminente su derrota. Para no perder la perspectiva, es imprescindible retirarse a tiempo, y buscar con mucha anticipación a la persona que nos va a sustituir cuando ya no estemos.

CLAVE Nº 6 - Mira hacia arriba

Por alguna razón extraña, todos los pueblos que conozco, al hacer el entierro de su muertos, los colocan mirando hacia el cielo; nunca he visto o sabido de alguna nación que lo haga de forma diferente. Cuando morimos y salimos de este mundo, nos depositarán en algún lugar y el resto del tiempo estaremos mirando hacia arriba.

Allí el hombre, quiérase o no, tendrá que rendirle un tributo forzado al Dios de los cielos, como diciendo: «Aquí estoy, he tenido toda la gloria, he tenido todo el honor, he tenido todo lo que he querido, pero ahora aquí estoy y lo único que puedo hacer es contemplarte y que Tú me contemples.»

Es por eso que todo hombre de forma constante debe mirar hacia arriba, saber que todo lo que se nos confiere, todo lo que tenemos y todo lo que somos, viene de lo alto. Cuando admitimos esta realidad nunca perdemos la perspectiva. ¿Qué significa mantener la mirada hacia arriba? Significa el completo entendimiento de que somos fugaces en la tierra, nuestros días pasan como un pensamiento y volamos hacia nuestra muerte: es lo que dice el libro de los Salmos.

Si tú no crees que Dios es el que tiene el control de tu vida, déjame hacerte la siguiente pregunta: ¿Quién controla los tubos sanguíneos para que dentro de tu cuerpo no se produzca un taponamiento de algún capilar y alguna zona de tu corazón o de tu cerebro para que sea infartada? Realmente, ¿tienes tú el control de todo? Ciertamente, ¿te crees todopoderoso? Déjame decirte que si es así, has perdido la perspectiva. El ser humano recibe de lo alto todo lo que tiene, pero más que eso, necesita urgentemente la misericordia de quien lo salva de toda su miseria porque, en definitiva, el éxito integral empieza y termina por el conocimiento de Jesucristo como nuestro Salvador.

La palabra más importante que todo ser humano puede pronunciar es el nombre de Jesús, y la pregunta más importante que el ser humano pudiera hacerse es la siguiente: ¿Quién es Jesús?

¿Quién es Jesús?

Había en Éfeso un filósofo llamado Heráclito. Fue aquel que dijo que: «Nadie se baña dos veces en el mismo río». Él hablaba del mundo en movimiento, un mundo cambiante, un mundo en un constante ir y venir. Pero Heráclito se sorprendía de cómo era posible que este mundo en movimiento constante conservara un perfecto orden, y es por ello que él dice que era necesario que una mano milagrosa sostuviera el universo y permitiera el orden. A esto, Heráclito le llamó «El Logos» que quiere decir «El Verbo».

La Biblia dice:

> *En el principio ya existía el Verbo,*
> *y el Verbo estaba con Dios,*
> *y el Verbo era Dios.*
> *Él estaba con Dios en el principio.*
> *Por medio de él todas las cosas fueron creadas;*
> *sin él, nada de lo creado llegó a existir.*
> *En él estaba la vida...*
> (Juan 1:1–4 NVI)

De forma milagrosa la misma palabra que usa Heráclito para describir aquello que mantiene el equilibrio del universo es

«El Verbo» y el nombre que Juan le da a Jesús en la Escritura es «El Verbo». Jesús es ese verbo que mantiene el equilibrio del universo y el único que puede mantener el equilibrio en tu vida.

Concluimos pensando que todo hombre, por grande que pudiera ser, por lejos que pudiera llegar y por mucho que pudiera tener, un día estará con el cuerpo hacia arriba y allí tendrá que dar cuenta a alguien superior de los pensamientos y actuaciones realizados en los días de su vida.

¿Cuál es la esperanza de los seres humanos? ¿Dónde se encuentra el sentido de la vida, en el cataclismo griego del círculo del retorno? ¿En la posibilidad de continuar dando vueltas en este mundo errante, con cuerpos que se reciclan?

Lo cierto es que Jesucristo es la única esperanza razonable para el hombre que quiere encontrar sentido a su existencia. Hay muchas posibilidades hacia las cuales tú puedes conducir tus creencias, pero te aseguro que ninguna ofrece la esperanza que ofrece Jesús.

Así es que si quieres que tu vida, tu matrimonio, tu negocio y tu familia prosperen, hay una sola cosa que te puedo aconsejar y está escrita en el libro de Juan; por favor observa a continuación:

Yo soy la vid y ustedes son las ramas. El que permanece en mí, como yo en él, dará mucho fruto; separados de mí no pueden ustedes hacer nada. El que no permanece en mí es desechado y se seca, como las ramas que se recogen, se arrojan al fuego y se queman. Si permanecen en mí y mis palabras permanecen en ustedes, pidan lo que quieran, y se les concederá. Mi Padre es glorificado cuando ustedes dan mucho fruto y muestran así que son mis discípulos. (Juan 15:5-8 NVI)

Dios quiere que tú produzcas muchos frutos en todas las áreas de tu vida; Él se goza en ello.

REFLEXIONES FINALES

Estando Jesús en Betania, en casa de Simón llamado el Leproso,
se acercó una mujer con un frasco de alabastro lleno de un
perfume muy caro, y lo derramó sobre la cabeza de Jesús
mientras él estaba sentado a la mesa.

(Mateo 26:6–7 NVI)

Hace más de 2.000 años una mujer empezó a trabajar fuertemente con la finalidad de ahorrar mucho dinero. Nadie sabe cuál era el fin de su actitud. Lo cierto es que posiblemente no comiera bien, y trabajara el doble que sus compañeras. Quizás esta mujer haya cumplido con todos los detalles para lograr el éxito. Estaba enfocada, estaba trabajando, incluso ahorrando, y en conclusión, vista desde cualquier ángulo, era una mujer rumbo al éxito.

Pero un día aquella mujer tomó sus ahorros, compró un gran frasco de perfume, que le costó muchos años de trabajo, y fue a Jesús y le lavó su cabello con el perfume. La gente la criticó, los discípulos no querían aceptarlo, pero para ella nada tenía más significado en ese momento que agradar al Maestro. Quizás estaba diciendo: «Señor, sáname; Señor, sana a mi hijo; Señor, sana a mi madre»; o quizás estaba diciendo: «Ya nada importa, sólo que te apiades de mí, Señor».

Esto es precisamente lo que le ocurre a mucha gente hoy: gastan sus vidas en busca del éxito, un éxito desequilibrado y ambicioso y, al final de la jornada, cambian todo lo que tienen por salud o por amor. Por ejemplo hay quienes al final de la jornada entregan toda una fortuna a un gato o un perro. Hay quienes mueren en la sala de un hospital sin la presencia de al menos alguien que le muestre una migaja de amor.

El universo es la mayor muestra de equilibrio a nuestros ojos. Podemos ver cómo la tierra tiene la distancia correcta del sol; si se retira unos kilómetros, podríamos terminar helados y si se acerca otros podríamos terminar quemados. Si al menos la Luna hace un movimiento brusco las consecuencias para el planeta serían catastróficas. Así, sucesivamente, cada parte del universo y del planeta funcionan en un perfecto equilibrio, sin el cual nuestra existencia sería imposible sobre la Tierra. Este equilibrio debe convertirse en nuestro ejemplo. De hecho la Biblia habla de cómo la naturaleza debe convertirse en nuestra maestra. Este libro se puede resumir en la palabra «equilibrio». No es posible llevar una vida satisfactoria sin equilibrio. El cuerpo lo exige, el mundo lo exige, la vida lo exige.

Las diez leyes escondidas han sido puestas en nuestras manos con la finalidad de hacer cambios que nos orienten a la plenitud y el respeto.

La Biblia dice: «*Con sabiduría se edifica una casa y con prudencia se afianza.*» (Proverbios 24:3 LBLA) Esto nos resume las diez leyes escondidas, las dos líneas de la carretera. Estas dos líneas nos permiten estar en control: a la derecha la sabiduría que nos ayuda a avanzar en la vida en las cosas tangibles como los logros humanos, la acumulación de riquezas, resultados que nos presentan ante el mundo como hombres de éxito en lo tangible.

Estas leyes de la sabiduría nos mantienen en control del mundo tangible, del mundo físico. Vivimos en un mundo físico donde comemos, vestimos, descansamos y nos divertimos. Cuando los hombres obvian este aspecto, dejan de lado todo lo que Dios ha puesto en sus manos para su disfrute y transformación, y salen de la zona de equilibrio.

Al lado izquierdo tenemos la línea de la prudencia, y esto nos ayuda a avanzar en el éxito de lo intangible, el éxito sobre las cosas que no podemos palpar. Es por esta razón que mucha gente le da poca importancia a las leyes de lo intangible, sin embargo son las que le dan sentido a las cosas tangibles.

Aquella mujer de la que hablábamos al principio, la que pasó gran parte de su vida tras el éxito en lo tangible, tuvo que ponerlo todo a los pies del Señor. Esto nos ilustra lo transitorio del éxito en lo tangible. Por eso aspirar al éxito de lo tangible, sin ser acompañado de las leyes de la prudencia, será algo que en algún momento carecerá de todo sentido.

Jesús es, sin duda, el mejor ejemplo de lo que es mantener el equilibrio entre lo tangible y lo intangible. Jesús nunca perdió la perspectiva. El dijo:

—Muéstrenme la moneda para el impuesto.

Y se la enseñaron.

—¿De quién son esta imagen y esta inscripción? —les preguntó.

—Del césar —respondieron.

—Entonces denle al césar lo que es del césar y a Dios lo que es de Dios. Al oír esto, se quedaron asombrados. Así que lo dejaron y se fueron. (Mateo 22:19-22 NVI)

Jesús pudo durar 40 días sin comer, pero pudo ser sensible para dar comida a gente que tenía un día sin comer. Jesús trabajaba todos los días, se levantaba temprano, era enfocado, era frugal y tenía pleno conocimiento de lo que estaba haciendo. Al mismo tiempo Jesús supo descansar; como hombre fue el mayor ejemplo de prudencia que pudiéramos observar. Creo que al estudiar su vida podemos sacar la mejor parte de nuestro tránsito por este planeta.

Deseo con todo mi corazón que todas y cada una de estas leyes afecte positivamente las áreas más sensibles de tu vida. En nuestro próximo material sobre Éxito Integral pondremos en tus manos nuevas herramientas que, sin duda alguna, darán un aporte significativo a tu vida.

Bibliografía

Academy of Achievement. 2005. The Academy of Achievement. [En línea] 02 de 02 de 2005. [Citado el: 21 de 08 de 2012.] http://www.achievement.org/autodoc/page/sal0bio-1.

AFP. 2006. l'Absurd Diari. [En línea] 13 de 03 de 2006. [Citado el: 21 de 08 de 2012.] http://www.absurddiari.com/.

Alcohólicos Anónimos. Más de 70 años de desarrollo. *Alcohólicos Anónimos.* [En línea] [Citado el: 22 de 08 de 2012.] http://www.aa.org/aatimeline/.

Andersen, Hans Christian. El traje nuevo del emperador. *TodoCuentos.* [En línea] [Citado el: 22 de 08 de 2012.] http://www.todocuentos.es/grandes-clasicos/227/el-traje-nuevo-del-emperador.

Anspaugh, David. 1993. *Rudy.* [int.] Sean Astin, Jon Favreau y Ned Beatty. 1993.

Arjona, Ricardo, [int.]. 2000. Te enamoraste de ti. 2000.

Biografías y Vidas. Walt Disney. *Biografías y Vidas.* [En línea] [Citado el: 21 de 08 de 2012.] http://www.biografiasyvidas.com/biografia/d/disney.htm.

Brooks, James L. 1997. *Mejor... imposible (As good as it gets).* [int.] Jack Nicholson, Helen Hunt y Greg Kinnear. TriStar Pictures, 1997.

Caton-Jones, Michael. 1995. *Rob Roy.* [int.] Liam Neeson, Jessica Lange y John Hurt. MGM, 1995.

Christian Classics Ethereal Library. Etexts of works by and about John Wesley, including sermons, the 1876 «Collection of Hymns for the People Called Methodists» and an introduction to it. *Christian Classics Ethereal Library.* [En línea] [Citado el: 21 de 08 de 2012.] http://www.ccel.org/ccel/wesley/hymn/title.html.

Colaboradores de Wikipedia. 2012. Carl Brashear. *Wikipedia.* [En línea] 10 de 07 de 2012. [Citado el: 22 de 08 de 2012.] http://es.wikipedia.org/wiki/Carl_Brashear.

Colaboradores de Wikiquote. 2011. Wikiquote. [En línea] 15 de 01 de 2011. [Citado el: 22 de 08 de 2012.] http://en.wikiquote.org/wiki/Rudy_(film).

Duclós, Carlos. 2009. Frases Célebres de Honor. *Valores y Vida.* [En línea] 26 de 01 de 2009. [Citado el: 22 de 08 de 2012.] http://valoresyvida2008.blogspot.com/2009/01/f.html.

Editores de Muy Interesante (revista). *Muy Interesante.*

Editorial Océano, S.L. 1995. *Diccionario océano práctico de la lengua española.* Barcelona, España : Grupo Océano, 1995.

Chanski, Mark. 2006. *El dominio masculino.* Santo Domingo : Iglesia Bíblica del Señor Jesucristo, 2006. Conferencia para hombres.

Fisher, Robert. 1999. *El caballero de la armadura oxidada.* Madrid : Ediciones Obelisco, 1999.

Harris, Sydney J. 1976. *The Best of Sydney J. Harris.* Boston : Houghton Mifflin, 1976.

Jewison, Norman. 1999. *El Huracán (The Hurricane).* [int.] Denzel Washington, Vicellous Reon Shannon y Deborah Kara Unger. Universal Pictures, 1999.

Liderazgo y Mercadeo. Biografías - Thomas Alva Edison. *Liderazgo y Mercadeo.* [En línea] [Citado el: 21 de 08 de 2012.] www.liderazgoymercadeo.com.

Maquiavelo, Nicolás. 1532. Bibliotecas Virtuales. [En línea] 1532. [Citado el: 22 de 08 de 2012.] http://www.bibliotecasvirtuales.com/biblioteca/otrosautoresdelaliteraturauniversal/Maquiavelo/ElPrincipe/index.asp.

Maxwell, John. 2003. *Las 17 Leyes incuestionables del trabajo en equipo.* Nashville, Tennessee : Thomas Nelson, 2003.

Michelén, Sugel. 2002. IBSJ - Iglesia Bíblica del Señor Jesucristo. [En línea] 11 de 08 de 2002. [Citado el: 22 de 08 de 2012.] http://www2.ibsj.org/sermones.php?ubicacion=sermones&seccion =lista&nbuscar=Daniel+4&dbuscar=pasaje&ok_buscar=Buscar.

Mintzberg, Henry, Quinn, James Brian y Voyer, John. 1997. *El proceso estratégico, conceptos, contextos y casos.* [trad.] Unspecified. (Edición breve), 1ra. Naucalpan de Juárez, Edo. de México : Prentice Hall Hispanoamericana, S.A., 1997. The strategy process, collegiate edition.

Motivaciones.org. Naranjas para el personal. *Motivaciones.org.* [En línea] [Citado el: 21 de 08 de 2012.] www.motivaciones.org.

Nightingale, Earl. Earl Nightingale Home Page. [En línea] [Citado el: 21 de 08 de 2012.] http://cornerstone.wwwhubs.com/Earl_Nightingale.html.

Poissant, Charles Albert y Godefroy, Christian. 2005. *Mi Primer Millón.* Buenos Aires : Ediciones Atlántida, 2005.

Ratner, Brett. 2000. *Hombre de Familia (The Family Man).* [int.] Nicolas Cage, Téa Leoni y Don Cheadle. Universal Pictures, 2000.

Rehak, Judith. 2002. Tylenol made a hero of Johnson & Johnson : The recall that started them all. *The New York Times.* [En línea] 23 de 03 de 2002. [Citado el: 22 de 08 de 2012.] http://www.nytimes.com/2002/03/23/your-money/23iht-mjj_ed3_.html.

Rojas, Enrique. 1992. *El hombre light; una vida sin valores.* Madrid : Ediciones Temas de Hoy S.A., 1992.

Sagal, Boris y Shavelson, Melville. 1979. *Ike.* [int.] Robert Duvall, Lee Remick y Lloyd Alan. 1979. Made-for-TV biography of General Dwight D. Eisenhower.

Scott, Ridley. 2000. *El Gladiador (The Gladiator).* [int.] Russell Crowe, Joaquin Phoenix y Connie Nielsen. DreamWorks SKG, 2000.

Soderbergh, Steven. 2000. *Erin Brockovich.* [int.] Julia Roberts. 2000.

Stanley, Thomas y Danko, William. 1996. *The Millionaire Next Door.* New York : Pocket Books, 1996.

Sullivan, Teresa A, Westbrook, Jay Lawrence y Warren, Elizabeth. 2001. *The Fragile Middle Class: Americans in Debt.* New Haven, Connecticut : Yale University Press, 2001.

Tango, Tom, y otros. Baseball-Reference.com. [En línea] [Citado el: 22 de 08 de 2012.] http://www.baseball-reference.com/players/r/ramirma02.shtml.

Teijeiro, Mario. 2006. Centro de Estudios Públicos. [En línea] 04 de 05 de 2006. [Citado el: 21 de 08 de 2012.] http://www.cep.org. ar/2006/empujando-a-china-al-keynesianismo/.

Teresa de Calcuta. Vivir Con Cristo. [En línea] [Citado el: 22 de 08 de 2012.] http://vivirconcristo.wordpress.com/2007/09/04/sin-amor/.

The Churchill Centre and Museum. 2010. Blood, Toil, Tears and Sweat. *The Churchill Centre and Museum.* [En línea] 29 de 07 de 2010. [Citado el: 21 de 08 de 2012.] http://www.winstonchurchill.org/learn/speeches/speeches-of-winston-churchill/92-blood-toil-tears-and-sweat.

Trout, Jack, Peralba Fortuny, Raúl y Ries, Al. 2004. *Las 22 leyes inmutables del marketing Edicion Siglo XXI.* Madrid : McGraw-Hill / Interamericana de España, S.A., 2004.

Velázquez, Guillermo Orta. 1962. Biografía de Wolfgang Amadeus Mozart. *100 biografías en la historia de la música.* México : Ed. Joaquín Porrúa, 1962.

West, Simon. 1999. *La Hija del General (The General's Daughter).* [int.] John Travolta, Madeleine Stowe y James Cromwell. Paramount Pictures, 1999.

Zemeckis, Robert. 1994. *Forrest Gump.* [int.] Tom Hanks, Robin Wright y Gary Sinise. 1994.